本著作为2022年度教育部人文社会科学研究青年基金项目"区域一体化背景下长三角体育产业高质量发展的协同效应评价与机制优化研究"（22YJC890038）的研究成果。

区域一体化背景下
我国体育产业结构优化与高质量协同发展研究
——以长三角为例

肖　琴◎著

吉林出版集团股份有限公司

全国百佳图书出版单位

图书在版编目（CIP）数据

区域一体化背景下我国体育产业结构优化与高质量协
同发展研究 : 以长三角为例 / 肖琴著 . -- 长春 : 吉林
出版集团股份有限公司 , 2024. 9. -- ISBN 978-7-5731
-5677-8

Ⅰ . G812

中国国家版本馆 CIP 数据核字第 2024J0F687 号

区域一体化背景下我国体育产业结构优化与高质量协同发展研究：
以长三角为例

QUYU YITIHUA BEIJING XIA WOGUO TIYU CHANYE JIEGOU YOUHUA YU GAOZHILIANG
XIETONG FAZHAN YANJIU : YI CHANGSANJIAO WEILI

著　　者：肖　琴

责任编辑：矫黎晗

装帧设计：沈加坤

出　　版：吉林出版集团股份有限公司

发　　行：吉林出版集团青少年书刊发行有限公司

地　　址：吉林省长春市福祉大路 5788 号

邮政编码：130118

电　　话：0431-81629808

印　　刷：北京亚吉飞数码科技有限公司

版　　次：2025 年 3 月第 1 版

印　　次：2025 年 3 月第 1 次印刷

开　　本：710mm×1000mm　1/16

印　　张：13

字　　数：206 千字

书　　号：ISBN 978-7-5731-5677-8

定　　价：86.00 元

如发现印装质量问题，影响阅读，请与印刷厂联系调换。电话：010-82540188

前　言

　　区域经济一体化是当今世界经济发展的潮流与趋势,区域协同发展是我国在此趋势下提出的重要发展举措。体育产业对区域经济发展具有重要的推动作用。在区域经济一体化的背景下和协同发展论的引导下,区域体育产业协同发展已是大势所趋。随着我国体育产业的不断发展,其对经济发展的促进作用更加明显,再加上我国体育产业结构的不断调整与升级,体育产业已成为国民经济新的增长点。对于各区域经济发展而言,体育产业的贡献率也越来越大,成为区域经济一体化发展的重点产业之一。在区域经济一体化发展战略下,长江三角洲地区(简称长三角)的体育产业迎来新的发展机遇,开启了向高质量协同发展转型的新征程,但因区划边界、政府自利性、区域产业基础等主客观差异的存在,长三角体育产业非均衡发展特征明显,其高质量协同发展格局有待完善。基于此,笔者在查阅大量相关著作、文献的基础上,精心撰写了本书,可以为促进我国长三角体育产业的结构优化与高质量协同发展提供参考和引导,并可为其他区域体育产业的一体化发展提供借鉴。

　　本书共六章。第一章是绪论,主要概括本书研究的背景、目的与意义、方法与内容。第二章是理论体系,具体分析本书涉及的一些核心概念和为本书研究提供强大理论支撑的多元科学理论。第三章是区域一体化背景下长三角体育产业发展现状与影响因素研究,在分析我国体育产业发展情况的基础上,以长三角为例,对该地区体育产业的发展现状展开分析,从而为后续研究其体育产业结构优化、体育产业高质量协同发展提供现实依据。第四章是区域一体化背景下长三角体育产业结构优化研究,首先分析我国体育产业结构现状、区域体育产业基本结构形态、产业集群与体育产业结构、体育产业政策对产业结构优化升级的影响,以及区域一体化背景下我国体育产业结构优化升级的策略,然后着重探讨长三角体育产业的结构状况,并从实际情况出发提出科学可行的产业结构优化路径。最后,本章还对发达国家体育产业结构的演进及其对我国的启示进行了研究,为长三角地区进一步优化体育产业结构总结了值得学习和借鉴的成功经验。第五章是区域一体化背景下长三角体育产业高质量协同发展研究,包括协同发展的机制、协同发展的支持体系建设以及协同发展的优化路径,从理论机制、支持体系、实践路径等方面为长三角体育产业高质量协同发展提供全方位指导和坚实保障。第六章是结论与展望,概括本研究的主要结论和创新之处,指出本研究的局限与不足,并厘清未来研究的努力方向。

总体而言,本书具有以下几个主要特点:

第一,时代性。新时期我国高度重视体育产业的发展,强调各类体育产业的协同、体育产业与相关产业的协同以及体育产业的区域协同,这与区域一体化的发展理念高度契合。本书在区域一体化视域下探讨长三角体育产业高质量协同发展具有重要的时代意义。

第二,系统性。本书先对本书研究的基本情况和理论支撑进行阐述,然后重点在区域一体化背景下详细深入地研究长三角体育产业的发展状况、结构优化以及高质量协同发展,结构合理,层层推进,具有较强的系统性。

第三,创新性。长三角正处于体育产业发展的重要阶段,协同、集聚、一体化是实现长三角体育产业高质量发展的重要途径,这是区域一体化的客观要求。本书重点探讨了长三角体育产业的高质量协同发展理论与实践,既顺应了区域一体化的发展潮流,又使区域体育产业高质量协同发展的理论更有说服力,体现了本书的创新性和前沿性。

总之,本书着重在区域一体化背景下对我国区域体育产业的结构优化与高质量协同发展进行研究,并以长三角为重点展开说明,针对当前我国区域体育产业的总体结构现状、长三角体育产业的结构现状提出了优化策略,并为长三角体育产业高质量协同发展战略的落实献计献策。期望本书能够为促进我国体育产业结构的优化、推动长三角体育产业的高质量协同发展作出贡献。

本书在撰写过程中参考并借鉴了很多专家、学者的研究成果,在此表示诚挚的感谢。由于笔者水平有限,书中难免有疏漏之处,敬请广大读者批评指正。

肖 琴

2024 年 6 月

目　录

区域一体化背景下我国体育产业结构优化与

高质量协同发展研究——以长三角为例

第一章 绪 论

推动体育产业高质量发展是"十四五"时期我国体育事业发展顶层设计中的重要议题。区域一体化是世界经济发展的主要形式,在我国也有着一定的实践成果,对促进我国区域经济的发展发挥了决定性的作用。本章将着重介绍区域一体化背景下我国体育产业结构优化与高质量协同发展的研究背景、研究目的与意义、研究方法与内容。

第一节 研究背景

继 2019 年《国务院办公厅关于促进全民健身和体育消费推动体育产业高质量发展的意见》《体育强国建设纲要》发布后,2021 年 10 月发布的《"十四五"体育发展规划》进一步提出"实现体育产业高质量发展""加快把体育建设成为中华民族伟大复兴的标志性事业"的目标。长三角地区作为我国经济发展最活跃、开放程度最高、创新能力最强的区域之一,"一体化"和"高质量"是其新时代发展的核心议题。推动长三角体育产业高质量一体化发展具有极大的区域带动和示范作用。2020 年以来,沪苏浙皖联合印发了《长三角地区体育一体化高质量发展的若干意见》《长三角地区体育产业一体化发展规划(2021—2025 年)》等文件,力争经过 5 年的努力,将该区域建设成为全国体育高质量发展样板区和区域体育一体化发展示范区。

区域经济一体化是当今世界经济发展的潮流与趋势,区域协同发展是我国在此趋势下提出的重要发展举措。体育产业对区域经济发展具有重要推动作用。在区域经济一体化的背景下和协同发展论的引导下，区域体育产业协同发展已是大势所趋。随着我国体育产业的不断发展，其对经济发展的促进作用更加明显，再加上体育产业结构的不断调整与升级，体育产业已成为国民经济新的增长点。对于区域经济发展而言，体育产业的贡献越来越大，成为区域经济一体化发展的重点产业之一。在区域经济一体化发展战略的机遇下，长江三角洲地区的体育产业迎来新的发展思路，开启了向高质量协同发展战略转型的新征程，但因区划边界、政府自利性、区域产业基础等主客观差异的存在，长三角体育产业非均衡发展特征明显，其高质量协同发展格局有待完善。

第二节　研究目的与意义

一、研究目的

本书将在区域一体化背景下对我国体育产业结构优化进行研究，并以长三角为例探索我国区域体育产业的高质量协同发展路径，并以长三角体育产业高质量发展的协同效应为研究对象，拟实现如下研究目的：

第一，揭示长三角体育产业高质量协同发展的困境及其内在症结。

第二，解析长三角体育产业高质量发展协同效应的形成机理与动力机制，构建基于区域一体化的长三角体育产业高质量发展协同效应评价的理论分析框架。

第三，综合评价长三角体育产业高质量发展的协同效应，建立一套针对纲领性、多目标区域产业发展效果评价的方法体系。

二、研究意义

本书主要基于区域一体化背景，系统研究长三角体育产业结构优化与高质量发展的协同效应及其形成机理与动力机制，探索区域体育产业高质量协同发展的实现路径与优化政策。这一研究对于形成长三角地区体育产业结构升级及其高质量发展的体制机制，推进区域体育产业高质量发展和区域一体化具有重要的理论价值与现实意义。

（一）理论意义

我国区域体育产业高质量发展问题研究与目前其他国家产业高质量发展研究尽管存在共同点但情况更为复杂，以长三角地区为例，基于区域一体化视角，在统一框架下系统研究长三角地区体育产业高质量发展协同效应的形成机理与动力机制，具有以下理论意义：

第一，丰富区域一体化理论：通过研究长三角地区体育产业的一体化发展，可以为区域一体化理论提供新的实证研究案例，丰富和拓展该理论在体育产业领域的应用。

第二，探索体育产业高质量发展路径：探讨在区域一体化背景下，体育产业结构如何优化以及如何实现高质量发展，可以为体育产业的理论研究提供新的视角和思路。

第三，促进区域经济一体化理论发展：体育产业作为现代服务业的重要组成部分，其一体化发展对区域经济一体化具有示范和推动作用，有助于深化对区域经济一体化理论的认识。

第四，构建体育产业协同发展模型：通过案例分析，构建体育产业协同发展的模型和理论框架，可以为其他区域体育产业的协同发展提供理论指导。

（二）实践意义

本书定量评估长三角地区体育产业高质量发展的经济协同效应、健康协同效应与环境协同效应，将有助于推动区域体育产业发展评价由"经验判断"走向"数据证实"。同时，挖掘长三角地区体育产业发展存在的问题及其内在症结，探索长三角地区体育产业高质量协同发展的可行路径与优化政策，并形成具有可操作性的研究成果，能为相关部门修正与完善区域产业高质量发展政策、措施提供参考，为其他国家区域体育产业发展研究提供一份中国蓝本。

本书既有科学的理论研究，又有实用的模式与路径探索，能够为我国体育产业结构的优化升级和长三角体育产业的高质量协同发展提供

科学指导,能有效提高体育产业区域一体化发展的效益,具有以下实践意义:

第一,推动长三角体育产业协同发展:该研究成果能够为长三角地区体育产业的协同发展提供策略和建议,促进区域内体育产业的整合和优势互补。

第二,优化体育产业结构:本研究可以帮助人们识别长三角地区体育产业发展中存在的问题,提出优化产业结构的具体措施,推动产业升级和转型。

第三,促进区域经济增长:体育产业的一体化发展有助于促进区域经济的增长,通过体育产业的带动作用,可以为区域经济发展注入新的活力。

第四,提升区域竞争力:体育产业的高质量协同发展可以提升长三角地区的整体竞争力,增强其在全国乃至国际上的影响力。

第五,满足人民群众的体育需求:体育产业的发展直接关系人民群众的体育需求和健康生活,该研究成果有助于更好地满足人民群众日益增长的体育需求。

第六,促进体育产业政策制定:该研究成果可以为政府和相关部门制定体育产业政策提供科学依据,促进政策的科学性和有效性。

第三节　研究方法与内容

一、研究方法

在区域一体化背景下,我国体育产业结构优化与高质量协同发展研究的方法是多样的,可以运用规范分析与实证分析相结合的方法,既要有学理的文献探究,又要有调查法的实证辅助,还要有评价指标的建构,更要有跨学科的研究思维。综合运用多种研究方法,全面、深入地探讨长三角地区体育产业结构优化与高质量协同发展的现状、问题及其解决途径,可以为政策制定和实际操作提供理论依据和实践指导。

（1）文献资料法:通过查阅相关领域的研究文献,可以了解区域一体化、体育产业结构优化和高质量协同发展等方面的理论基础和现有研究成果。

（2）定量与定性分析法：收集和整理长三角地区体育产业的相关数据，如体育产业规模、产业结构、政策法规等，通过定量分析法对数据进行处理和分析，可以揭示体育产业结构优化的现状和问题。同时，运用定性分析法，可以深入剖析长三角地区体育产业结构优化的内在机制和影响因素。

（3）专家访谈法：可以邀请相关领域的专家、学者和政策制定者进行访谈，获取他们对长三角地区体育产业结构优化与高质量协同发展的看法和建议。

（4）政策分析法：对长三角地区的相关政策进行梳理和分析，可以了解政策对体育产业结构优化与高质量协同发展的影响。

（5）系统分析法：可以将长三角地区的体育产业结构视为一个整体，从内部要素和外部环境两个方面入手，分析各要素之间的相互关系和作用机制，以期实现体育产业结构优化与高质量协同发展。

二、研究内容

本书在区域一体化背景下对我国体育产业结构优化进行研究，并以长三角为例探索我国区域体育产业的高质量协同发展路径。首先，介绍区域一体化与区域经济发展的相关理论，并分析体育产业理论和发展概况。其次，对我国体育产业结构的演进及其在区域一体化背景下的优化升级进行研究，在具体研究中以长三角为例探讨我国区域体育产业结构状况与优化路径。再次，重点对区域一体化背景下我国长三角体育产业的高质量协同发展理论、模式进行分析，深入探索长三角体育产业与其他产业的高质量协同发展路径。最后，重点为长三角体育产业高质量协同发展构建多元支持体系。

（一）区域一体化背景下长三角体育产业高质量协同发展的困境及其成因

本部分主要通过对长三角地区体育产业发展现状的调查与分析，着重解析如下问题：

（1）基于跨行政区域特点和"冲突→合作→秩序"框架，探究长三角体育产业高质量协同发展的必然性与特殊性。

（2）从制度性不足、结构性缺陷等方面深究长三角体育产业高质量协同发展面临的现实困境、内在症结及其背后的机制。

（3）基于高质量发展的"动力→效率→质量"逻辑，探讨长三角区域内府际之间的差异以及各地方主体的利益诉求差异对体育产业高质量协同发展的深刻影响，挖掘区域体育产业高质量协同发展的促进因素与深层阻滞。

（二）区域一体化背景下长三角体育产业高质量发展协同效应的形成机理与动力机制

本部分拟构建长三角体育产业高质量发展的理论分析框架，着重解析三个方面的问题：

1. 概念内涵与推进理路

厘清长三角体育产业高质量发展协同效应的概念内涵与价值维度，解析基于区域一体化的体育产业高质量发展及其与经济、健康、环境协同发展的核心要义、推进理路与条件。

2. 形成机理

阐释长三角体育产业高质量发展的经济协同效应、健康协同效应、环境协同效应及三大效应之间的内在逻辑与互动关系，解析长三角体育产业高质量发展协同效应的形成机理。

3. 动力机制

基于系统动力学模型，从内生机制、外发机制、内外联动机制三个层面以及产业供需动力、产业创新动力、产业发展效率、产业运行动力四个方面探究长三角体育产业高质量发展及其协同效应产生的动力机制，确定不同动力因素协同转换的路径，揭示其线性或非线性变化过程，并进一步挖掘动力源及其主要影响因子。

（三）区域一体化背景下长三角体育产业高质量发展的协同效应评价

以以上理论分析为基础，本部分重点从两个方面展开研究：

1. 评价指标体系构建

紧扣"高质量""区域一体化"两个评价主旨，构建长三角体育产业高质量发展协同效应综合评价指标体系。

2. 协同水平测度

采用复合系统协同度模型就长三角体育产业发展的"经济—健康—环境"协同水平进行测度，并采用空间计量模型、泰尔系数、变异系数法以及 ArcGIS 软件考察湾区体育产业发展的"经济—健康—环境"协同水平及其时空分异。

3. 协同效应评价

拟基于拓展的空间动态 DID 模型和断点回归法（RDD）模型，通过构造试验组与对照组实证分析长三角体育产业高质量发展的经济、健康、环境协同效应。经济协同效应拟重点考察体育产业高质量发展对区域全要素生产率以及经济增长（包括速度、结构和质量）的影响，并探究体育产业高质量发展对区域经济影响的联动效应与聚集效应。健康协同效应拟重点考察体育产业高质量发展对区域居民健康的影响，拟从健康协同效应的实证分析模型中剔除环境污染、生活习惯等其他变量对健康变量的影响，从而评估体育产业高质量发展的"净"健康协同效应。环境协同效应拟重点考察体育产业高质量发展对区域环境的影响，并进一步探究这种效应是替代效应还是互补效应。

（四）区域一体化背景下长三角体育产业高质量协同发展的路径与政策分析

本部分主要从以下三个方面展开研究：

1. 实现路径

结合以上调查研究、理论探讨与实证分析结果,从宏观(顶层设计)、中观(绩效制度)、微观(企业行为)三个层面,多维度考察长三角体育产业高质量协同发展的可行路径。

2. 有效模式

考察长三角体育产业高质量协同发展的适宜模式及其形态。

3. 优化政策

从有效市场构建、有为政府打造、负责企业建设三个层面,考察长三角体育产业高质量协同发展的制度框架,阐释提升其协同效应的相关政策措施及其完善的途径,并探讨行动者共同遵守的行为规范。

第二章 理论体系

在区域一体化背景下,我国体育产业结构优化与高质量协同发展效应的形成机理与动力机制构建需要系统的理论体系支撑。本章将清晰界定区域一体化、体育产业、产业结构、体育产业结构、协同发展等核心概念,详细介绍区域一体化理论、体育产业发展理论、体育产业结构优化理论、协同发展理论、高质量发展理论,在学理上为相关研究提供思路与支撑。

第一节 核心概念界定

内涵概念作为科学思维的基本形式与单位,是研究者展开判断、推理、概括等思维过程的基本要素。概念模糊不清就会给区域一体化背景下我国体育产业结构优化与高质量协同发展研究带来认知与实践上的偏差,因此有必要梳理核心概念的内涵与外延。

一、区域一体化

区域经济一体化是区域一体化发展所借鉴的最多的理论依据,区域经济也是 20 世纪 80 年代以来最具有活力的经济现象之一,伴随着区域经济一体化实践的蓬勃发展,其已经形成了完善而丰富的理论体系。

（一）区域一体化的概念

从本质上看，一体化不仅是重新组合资源，它还带有创新、求变的意思。因此，在开展区域经济一体化的过程中，要努力求新求变，在变化中发展机遇，在变化中寻求突破。区域经济一体化亦称"区域经济集团化"，是指同一地区的两个以上国家逐步让渡部分甚至全部经济主权，采取共同的经济政策并形成排他性的经济集团的过程。其组织形式按一体化程度由低到高排列，包括优惠贸易安排、自由贸易区、关税同盟、共同市场、经济联盟和完全的经济一体化。

（二）区域一体化的现状

我国发展区域经济已有几十年的历程，改革开放后，特别是我国正式加入世界贸易组织（WTO）后，不可避免地受到各国以及各行业的冲击，这对于我们形成巨大的挑战，但同时也提供了难得的机遇。起初，我国的市场还处于发展的起步阶段，突然要面临各种挑战，着实有些艰难。我国作为一个超级大国，在实际发展中只能先发展区域经济，通过设立不同的区域任务和角色，对各个地区的优势进行深入挖掘和构建，逐步激活区域经济发展。

放眼世界，随着经济全球化的逐步推进，区域经济一体化成为区域经济发展的必经之路。经过几十年的探索和实践，我国区域经济一体化的格局已经形成，并且在东南沿海的一些地区取得了较为成功的成果。东部发达地区率先发展起来，中部地区紧跟其后，借助靠近东部的优势，成为次优发展的地区，并且日渐形成自身不可替代的优势。而西部受限于地势、历史和环境等多方面的因素，发展慢于其他地区，但是随着东南及东部的区域优势的不断强大，其对东北老工业基地、革命老区、边疆地区、民族地区的发展也产生了一定的指引和带动作用。

尤其最近几年，我国经济实现了飞跃式增长，已全面消除贫困，正在积极奔向小康社会。在这一过程中，我国的经济格局已经形成了各区域之间竞相发展的新局面。长三角、珠三角和京津冀三大都市经济圈打通南北交界，成为区域经济一体化的先驱，整体上带动了我国经济的强劲发展。随后是河南地区、山东半岛、成渝都市圈等城市群构成的区域经济一体化格局,这些以二线城市为核心的都市圈经济体,成为我国区域经济发展另一形态的中心。通过区域协同作用,这些新的经济发展中心不仅快速获得经济提升,还对周边地区产生了更大的影响力,有效地带动了区域的蓬勃发展。通过对周边城市及农村地区的辐射作用,逐渐形成更大的区域效应。这是我国中小型城市区域经济一体化格局的重要形式,非常适合我国二、三线城市以及乡镇众多的社会现状,因此取得了较为良好的效果。

(三)区域一体化对经济高质量发展的影响

1.政府主导对区域经济高质量发展的影响

区域经济一体化的健康发展离不开政府的参与,无论中西方国家,政府主导的区域经济一体化都是最常见的形式。政府的参与可以使区域经济一体化进行更加全面的、更具战略性的发展,避免区域内或者区域间各自为政的局面,大大地降低了沟通成本。通过政府的高效管理,对各种资源进行科学的调控,各个区域可以充分发挥自身的优势条件,规避劣势。

政府主导的根本优势在于,能够更加深刻地将政策、红利、资源、技术等实现有效共享,引导整个区域开展结构性的经济变革,打造时代新局面,从而引导区域经济高质量发展。其中最突出的体现,就是可以引导区域间的良性协调,提高合作效率,减少内部的行政审批壁垒。此外,政府主导下的区域经济一体化可以弥补区域经济发展中的市场失灵问题,以及减少集聚效应和溢出效应所带来的不利影响,进而带动区域经济高质量发展。

2.产业政策对区域经济高质量发展的影响

(1)产业结构在区域内的差异化发展

产业结构主要以差异化发展为主要形式。差异化发展的优势在于,可以更加有效地推动区域经济的发展,实现资源的高效利用,这是得到实践验证的事实。其根本原因在于,区域内的各经济体在发展过程中,会依据自身的比较优势而努力成为该地区的主导产业。通过市场的选择和充分的竞争,区域内的产业结构会呈现出越来越明显的差异化发展。这些差异也是时刻处于变动之中的,会利用市场的调节机制,不断完善产业的不足,加强产业的优势,并在产业互动中使区域内的要素配置更加合理,使产业结构得到优化。差异化发展带来的另一优势是,通过产业间的选择与真实反馈,生产要素的边际生产率得到提升,区域内的资源利用效率得到最大的提高。

一旦区域经济发展进入良性循环,那么各经济体之间的分工与合作程度也逐步深化,并为产业升级创造出良好的基础条件。其还能促进生产专业化水平的提高以及规模报酬递增效应的提高、要素使用率的提升等,这些都为区域内产业结构的高质量发展奠定了扎实的基础。而这一切都需要产业政策为产业创造出良好的发展环境。

(2)消除产业结构转型升级的行政障碍

由于我国的体制性质,产业政策对产业发展具有决定性的意义。若想全面提高产业发展的效率和速度,必须首先保证产业政策的完善,这是从根本上提高和推动区域经济高质量发展的内在原因。这样还可以进一步促进区域内各个产业体专注挖掘自身的独特优势,从而在整体上提高区域的发展水平和实力。通过产业政策的指导,区域经济一体化内的各个产业会形成有效的集群效应,使合作更加深入,更加多元,并且会衍生出新的业态和服务需求,这些都是促进区域经济高质量发展的积极因素。

3. 协同创新对区域经济高质量发展的影响

区域经济一体化的内涵之一就是协同与创新。协同可以使原有资源产生最大化的价值,扬长避短形成完整的区域势能。而创新是发展的核心动力,只有创新才能更有力地激活产业内部的发展动力,形成新的产业形态。

(1)提高消费总额

协同创新可以创造出新的消费市场,激发新的消费热点,从而有效提升社会消费总额,带动区域经济的高质量发展。

(2)促进产业关联效应

协同创新还可以带动相关产业产生关联效应。比如举办省级、国家级体育赛事,通过改善软环境、引进投资等方式推动城市化建设的迅速发展,初步满足经济增长的要求。在吸引人们前往现场观看体育赛事的同时,也推动了当地经济水平的提升,尤其是在交通、体育场馆、酒店、城市绿化、食品等方面。

（3）扩大就业市场

创新带来发展，发展扩大就业市场。随着社会经济的不断发展和完善，各个细分领域越来越成熟，各个产业的分工也更加明晰。人们对消费的需要和理解都在不断提升，这是经济高质量发展的基本前提。尤其是近些年来人们健康意识的提升，男女老少都对健康有了新的认识，提升了健身锻炼的意愿，这对体育服装业、体育制造业、健身场所、健身教练、营养师等领域或职业的发展起到了极大的促进作用。市场发展需要各种人才，因此这也提供了劳动就业的机会，减轻了当地劳动就业的压力，在提升人们健康水平和生活品质之余，还提高了人们的收入水平。

（4）提高生活质量

随着社会的进步，人们在经济、文化、教育、休闲、生活等各个方面都有了新的需求，通过协同创新，可以将原有产业进行拓展和优化，并创造出新的经济项目，从而带动经济产生新一轮的发展，形成良性的循环。人们的生活质量提升之后，也自然会对社会经济的高质量发展产生积极影响，进而激发消费热情，带动消费升级。

二、体育产业

（一）体育产业的概念

研究体育产业，要从体育产业的概念开始，只有深刻理解和把握了体育产业的内涵，才能顺利地发展体育产业。但是，尽管体育产业发展势头强劲，但关于体育产业的概念学界还没有达成基本的共识。中外学者对体育产业的概念及分类都有各自不同的见解，但是研究的争论并不会影响体育产业的发展，反而通过对不同观点的解读，帮助人们从多方面理解体育产业的特点。

体育产业概念的核心是"体育"和"产业"。体育是指人们有意识、有目的地进行的身体活动。本质上，体育属于文化范畴，是人们为丰富业余生活而开展的具有健身、娱乐和休闲性质的身体活动。产业是指市场上生产同类产品的企业集合体。本质上，产业属于经济范畴。

体育产业的概念是体育与产业的融合与交互，并在原有的基础上发展出新的内容与属性,并不是简单的叠加。一方面,体育产业是在体育的文化范畴内衍生出了经济内容,增加了新的维度;另一方面,同时让产业的经济范畴扩容了文化内容。由此可见,作为新兴行业的体育产业潜藏着巨大的想象力,具有极大的发展空间。因此,我国在发展体育产业的过程中,应加大探索的力度和决心,努力发挥体育产业的多重潜力,为我国的体育、经济、文化等行业的持续发展注入更多的活力。

曹可强在《体育产业概论》一书中提出,体育产业是体委系统各部门为经营创收而兴办的各种产业。这一观点的核心内容是拆除了行业壁垒,让体育进行全方位的市场化运动,进而丰富了其社会功能,也加强了体育的生命力。除了增强体育自身的发展动力之外,体育产业还向社会提供了多种多样的服务和价值,主要包括体育场馆服务、体育竞赛和表演服务、体育医疗康复服务、体育咨询培训服务等。从原来的体育和文化内容,扩充了社会、经济以及政治等维度的内容。因此,它不仅对个体、群体具有明确的体育运动功能,同时对商业发展和社会进步产生了巨大的推动作用。

最初的体育文化活动发展具有一定的自发性、随机性和偶然性,而体育产业的发展,则是在运行机制上取得了质的突破,是对社会发展和时代需求的积极响应,它符合人们日益增长的对文化生活的期待,能够满足人们普遍存在的对高品质健身娱乐消费活动的需求。

(二)体育产业的特点

1. 涉及面较大,关联性较强

体育产业的发展是随着社会的进步和文明的进程而共同进步的。体育是伴随着人类的生活、生产而不断演变的重要活动。随着人们对精神和物质生活的需求的不断提升,其对体育产业的发展也提出了新的要求。在经历了物质文明的极大丰盛之后,人们逐渐将注意力放在更高的、更本质的方面,如追求健康的身体、愉悦的体验以及精神上的满足感,这些都是现代体育能够带给人们的附加价值。

在体育领域,人们对体育商品的理解和要求有很大的不同,这就使体育产业朝着更加多样性的方向发展起来。现代的体育用品也已经非常成熟,它早已不再是体育运动员的专属,而是根据社会大众的需求,种类更加多种多样,这直接对体育产业内部产业链条产生了影响。可以说每一项体育运动都带动了一条长长的产业链,与体育产业相关联的产业体系逐渐发展完善,形成了一张巨大的产业网络。体育产业可以与电子科技、旅游业、机械工程、建筑、食品工业、保险业等产业发展合作,共同推动区域经济的快速发展。因此说,体育产业具有涉及面较大、关联性较强的特点。

2. 产值率较高,具有可持续性

就当前的体育产业发展态势来看,和其他文旅产业相比,体育产业的产值居于领先地位。首先是因为体育产业涉及的范围更广,覆盖的人群数量最大,而且受文化、地域、语言、信仰等因素的影响最小。尤其是现代竞技体育的强势发展,使体育产业的规模越来越庞大。以我国为例,它甚至能渗透到县级地区,以中国的人口体量来看,如果每个县城都有健身房、游泳馆、体育场等设施,那么其产值是相当惊人的。

此外,体育产业还具有较强的可持续性,一个地区一旦建立起基本的体育设施,人们逐渐养成了运动的习惯,那么它将会一直延续和发展下去。随着社会分工越来越精细化,人们的需求层次越来越多样化,当今的体育产业已经发展成为一个独自行使生产、销售、管理、研制、开发等权利的行业,在国民经济中的地位举足轻重。而且,它所产生的经济效益具有较好的持续性和稳定性,为区域经济的快速发展增添不少动力。在全产业中,体育产业被视为"上游产业、朝阳产业、新兴产业、无烟产业",可见,体育产业不仅产值高,而且对区域环境污染较小,是国家经济增长的重要支撑,具备可持续发展的优势。

3. 就业率较高,具有全球化特征

在区域经济发展中,体育产业的拉动效应逐渐明显,为解决就业问题创造了条件。例如全国政协委员、知名企业家朱树豪先生投资 20 多亿元兴建的深圳观澜湖高尔夫球场和乡村俱乐部,不仅解决了当地农民的就业问题,促进了港商、外商的投资,而且几年来俱乐部经营状况良好,资产像滚雪球一样不断壮大。

就当前社会的发展趋势来看,体育已经在世界范围内成为人们日常生活中一个重要的组成部分,关心和热爱体育事业的人逐年增多,参与体育运动、健身娱乐的人群也在逐渐增加。此外,体育竞赛作为一种规则性强、国际化程度高的文化意识形态,决定了体育的国际化发展优势和趋势。再者,随着竞技体育发展得越来越成熟,其国际化特征也更为突出,可以说,如果没有国际化,竞技体育不会有今天的规模和影响力,更加不会在西方发达国家实现巨额的经济收益。国际化这一特征使体育产业迎来了空前的繁荣,这无疑为我国的体育产业发展指明了方向,即要想获得真正的成功,必须突破国界,努力发展成为全球性的经济活动,要和世界其他国家和地区的生产和生活发生关联,才能让体育产业得到更加充分的发展。一方面,要逐渐扩大经营范围,在稳固国内市场的前提下,积极开拓国际市场;另一方面,要努力将中国的体育产业与国外发生更多元、更多维度的关联,实现立体的国际化发展形势。我国体育产业的扩大发展,能够提升国内的就业率,提供更多的就业机会。同时,将中国的体育产业逐步推向国际市场,可以弘扬中国文化,为中国的国际化形象增添有力的一笔。

（三）体育产业分类

关于体育产业的分类,有学者依据体育商品的不同性质,将体育产业分为体育服务业和体育配套业(图2-1),还有学者根据体育产业链的上下游关系,将体育产业分为体育上游产业、体育中游产业和体育下游产业三种类型(图2-2)。

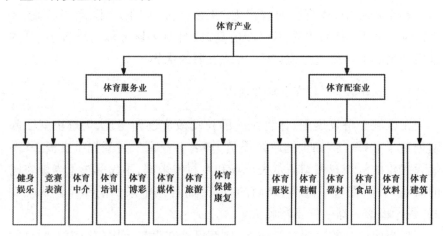

图2-1　体育产业分类一

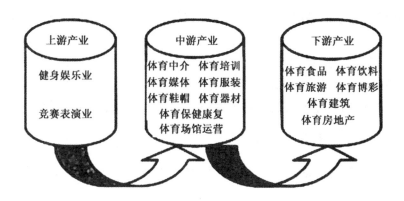

图 2-2　体育产业分类二

但是,若要从系统科学的角度出发,研究体育产业的分类,首先需要准确界定体育产业的结构和内涵。然而,由于产业的形态各异,不同的产业具有不同的分类方式,不同的分类方式也会揭示出产业的生命周期、结构特点等多种属性。不过,无论哪种分类方式,都是服务于产业的发展目的和发展内容的,也就是说,是以产业的发展目的和内容为主要划分依据的。产业的存在就是为了达到一定的经济目的,在操作手段上具有一定的内容特性。相近或相邻的产业会在发展中形成有利的协同效果。需要指出的是,产业的分类会随着时间的变化而改变,不存在一种适合于各种经济分析的产业分类方法,也不存在固定不变的产业分类。以下是几种具有代表性的观点,这些观点都是西方学者基于西方社会的情况做出的研究和判断,虽然其与我国的实际情况还存在一定的差异,但是可以作为我们发展体育产业的重要参考和依据。

（1）皮兹模式：在该模式下,体育产业被分为体育表演、体育生产和体育推广三大类。

（2）米克模式：在该模式下,体育产业被分为体育娱乐、体育产品和体育支持性组织三大类。

（3）苏珊模式：在该模式下,体育产业被分为体育生产和体育支持两个大类。

（四）体育产业的内容

体育产业与体育事业的重要区别是,体育事业具有一定的公益和福利的性质,它的核心任务是满足社会精神文明的发展和建设。而体育产业的首要目的是谋求经济效益,具有强烈的商业性质,也就是说体育产业具有自负盈亏的重要特点,而体育事业属于国家财政拨款支持,也无须纳税。体育产业若要在市场的竞争中生存下来,需要努力扩大发展空间和生存能力,只有获得市场的认可,才能得到满意的经济回报。

1. 体育竞赛表演活动

体育竞赛表演活动分为职业体育竞赛表演活动、非职业体育竞赛活动两大类。

(1)职业体育竞赛表演活动

职业体育竞赛由那些专门从事职业联赛和选手培养的商业体育表演活动的组织负责承办,这些组织的业务活动涵盖了组织、宣传、训练、运动员培养等全面系统的工作内容。最常见的有单项运动项目协会、俱乐部联盟、企业化管理的体育俱乐部、体育赛事承办公司等。

(2)非职业体育竞赛活动

非职业竞技体育比赛以及非竞技运动项目的组织和宣传,一般由非职业体育赛事机构负责承办,它们与职业体育赛事机构具有相似的社会功能。其主要针对的是非职业或业余体育赛事活动的组织和经营,包括各种业余体育俱乐部、群众性体育俱乐部等。

2. 体育健身休闲活动

体育健身休闲活动通常包括休闲健身活动和体育文化活动。

(1)休闲健身活动

休闲健身活动最常见的面向社会开放的休闲健身馆、健身活动中心以及其他经营体育娱乐活动的组织和机构,包括健身会所、健身俱乐部、户外运动俱乐部、体能拓展训练会所等以营利为目的的公司负责承办。

(2)体育文化活动

体育文化活动由广大群众的体育文化活动的组织机构、学生课外体育兴趣小组、体育非物质文化遗产保护活动的机构等负责承办。它们的主要工作是组织群众进行与体育相关的文化休闲活动,如体育电子游艺活动、电子竞技活动等。

3. 体育场馆服务

（1）体育场馆

体育场馆是开展各种体育活动的主要场地和环境,在我国一般是指由政府投资或筹集社会资金兴建,也有一些成功企业家冠名资助的体育馆、网球馆、游泳馆等。这些大型的体育场馆和专项运动馆一般都进行经营性管理,具有一定的商业价值,且能够为附近社区提供便利的体育服务。

（2）其他体育场地

除了正规的体育场馆、运动馆之外,散布在城市街区、社区的大大小小的广场、健身设施以及一些企业内部的健身场所,也提供着重要的体育服务功能,可以为有限人群开展体育运动提供便利。

（3）体育中介服务

体育中介服务是指为各类体育活动提供中介服务的企业法人单位。其包括主营或兼营体育中介业务的体育经纪公司、体育咨询公司、票务公司、体育广告公司等。

（4）体育产品销售、贸易代理与出租体育及相关用品销售

分支庞大、构成复杂的体育用品是体育产业的重要分支,包括生产、经营和品牌管理,如各种专卖店、体育用品专营店、百货公司等。体育用品、运动服装、运动鞋帽等体育相关产品,从品牌设计、产品生产到市场营销等,已经发展为非常成熟的市场,这些体育产品也是普通消费者高频使用的商品,因此具有较强的群众基础,经济效益可观。

（五）体育产业的作用

1. 体育产业对经济发展的作用

（1）促进国民生产总值的增长

在许多西方发达国家中,体育产业是其国民经济的重要支柱,同时关联着其他行业的发展和进步。最具代表性的如美国、英国、意大利、瑞典等。就目前我国的体育产业发展情况来看,其不仅态势良好,而且在整体的经济环境中表现得异常突出,无论是健身娱乐业、竞赛表演业还是技术培训业,全国的总投资额超过 2000 亿元,每年的营业额超过 600

亿元。

（2）提供大量的就业机会

随着体育产业的快速发展,体育产业普及面广的特殊性,决定了它不仅对社会具有持续的经济效益,而且能提供大量的就业机会,为年轻人实现自身价值提供了途径。有许多热爱健身的年轻人不仅能通过体育运动让自己的身体更加健康强壮,还积累了一些宝贵的体育专业知识和经验,进而将爱好转变为一项副业,如做健身教练、业余运动员等,这些都对增加社会活力具有积极意义。

（3）促进调整各种产业结构

体育产业除了能为社会和经济带来巨大的收益之外,还有一项非常重要的价值就是促进国家对整个产业结构进行优化和调整,使各个产业发展更为顺畅,使产业间形成正向的合作或者促进,从而令整个社会经济都朝着更加健康、融洽的方向发展。

（4）全面拉动内需

随着体育产业的不断发展和扩大,其对国家经济的影响也显示出越来越重要的作用。当今社会,人们对于娱乐和健身的需求在不断提升。在发达国家,由于体育产业已经相当成熟,因此对游戏、娱乐、运动、旅行的带动成为普遍的现象。我国的体育产业具有后发优势,14亿人口的体量意味着市场空间不可想象。而且,中国地理条件的优势决定了可以发展各种运动项目,无论哪种竞技体育都具有天然的条件,如野营活动、水上活动、冰雪活动以及各种球类运动,只要发展得当,未来会有令人意想不到的精彩局面。

特别是随着体育产业的全面发展,体育消费的范围和广度也在不断拓宽。具体来说,随着体育竞赛、体育表演以及健身休闲业的持续发展,普通大众对体育消费的热情不断高涨,并已经获得了较好的社会效益和经济效益。比如,当体育赛事和竞技表演等获得足够的市场认可时,也会带动健身娱乐业的发展,进而激活体育运动服装、体育器材的需求量,从而令体育用品业逐步发展起来。同样的,随着全民健身的推进,体育运动在普通民众的生活中也占有了一定的位置,大众对观看体育竞赛,参与体育运动,购买门票、装备,参加专项培训或者购买健身卡,等等,都是拉动内需的直接体现。

（5）形成庞大的人力资源

一个社会的经济获得快速发展,在很大程度上取决于两个重要因素,一个是人才的培养,另一个就是合理的投资,它们共同构成了企业和金融机构的生命线。也就是说,无论怎样的产业分类方式,无论产业处于发展的哪个阶段,人力资本和经济资本的投入都是发展的首要问题。对于体育产业而言,其具有非常重要的指导意义。有数据显示,一个体育产业发展良好的国家,其人力资源的质量也较高,员工身体素质和心理素质也相对较好,体现在国民生产总值上则是以亿为单位的差别。

现代企业,尤其重视对企业文化的建设,企业文化既是公司的软实力,也是公司的凝聚力,通过与经营理念、产品以及服务的合力输出,可以保证企业强劲发展。而在企业文化的打造过程中,体育是重要的内容,也是重要的手段之一。在团建活动中,体育活动、体育游戏等是最常见的内容,加强职工的体育建设,不仅关系员工的身体健康,还可以间接地提升出勤率,降低发病率,增强职工的工作积极性,等等。同时,其有利于企业凝聚力、向心力的建设,是企业无形资产的重要组成部分。

(6)聚集社会中的闲散资金

就我国当前社会的发展水平来看,在时代快速发展时期,无论是社会财富还是个人财富,都实现了快速的积累。而随着人们物质与精神文明生活的不断满足,也发展出了投资的需要。人们希望把闲余资金用于商业的、娱乐的、理财的活动中,要么可以获得一些经济利益,要么可以获得相应的娱乐体验。而体育产业中的博彩业、服装业、休闲娱乐业、健身塑形业等是目前人们极为关注的行业,也产生了可观的效益。因此,通过体育产业,可以把社会上的闲散资金聚集起来,重新用于社会经济建设活动,从而促进区域经济的顺利发展。

2. 体育产业对社会发展的作用

(1)有利于精神文明建设

体育产业对社会精神文明的建设具有显著的推动作用。无论是从西方国家,还是从我国的实际情况来看,体育产业不仅对体育事业具有绝对意义,在建设和促进人们的精神文明方面也具有明显的积极作用。例如,在社区文化生活中,体育文化娱乐活动是主要的活动内容,尤其是在中老年人群中。对于大多数退休后居家生活的老年人而言,除了参加家人的聚会活动,或者照顾子孙之外,他们的社会活动频率直线下降。长期来看,这对老年人的精神和身体都会有不利影响。而社区组织的体育活动正好满足了大量老年人的生活需要,通过组织健身、舞蹈、打拳等文娱活动,可以为老年人提供体育活动和社会交往的场所,对家庭和睦和缓解老龄化带来的健康、医疗隐患具有积极作用。并且,社区体育活动在很大程度上解决了残疾人、智障人以及患有疾病人群的康复问题。

（2）有利于维护公民的身心健康

从社会整体着眼,每个年龄层都离不开体育活动,因此,大力发展体育产业是对公民养成良好的体育习惯和健身观念的重要工作。与此同时,一旦体育产业得到蓬勃的发展,其会给整个社会带来强大的社会文化引导,这是保障人们身心健康的重要条件。大力发展体育产业还会拉动其他相关产业的经营生产活动,对激发社会财富,提高人们的生活水平产生积极影响。以美国为例,美国的心血管疾病人数随着其体育产业的飞速发展得到了明显的缓解。总之,体育产业是一种维护社会健康的重要支柱产业,对社会经济、全民健康以及休闲娱乐等都具有良好的促进作用。

（3）有利于提高生活质量

体育产业与人们的生活质量也具有深度的关系。一方面,体育产业的发展丰富了社会经济活动的内容,为广大城乡居民的收入提升带来了助益,增加了人们的幸福感;另一方面,通过增加参与体育活动的机会和时间,在一定程度上提高了人们的生活质量,丰富了生活内容和生活方式。现代社会,人们的工作与生活的观念发生了显著的改变,在基本的物质生活得到满足之后,人们开始强调提升生活质量与生活品质,其中体育活动就是一项重要的内容。

与此同时,现代生活带来的弊端,即高强度的工作和生活压力,成为威胁人们身心健康的严重隐患,加强体育产业的发展,不断为人们的生活注入更加多元与积极的生活理念和生活习惯,特别是纠正一些不良的健康习惯,可以很好地提升社会整体的健康水平,从而提高我国公民的生活质量。

三、产业结构

产业是经济活动的重要形态,产业结构是经济高质量发展的关键。传统产业与新兴产业、低端产业与高端产业、资源型产业与高附加值产业以及劳动密集型产业、资本密集型产业和技术密集型产业等,是在不同的产业分类下产业结构的具体体现。产业结构优化升级的成功与否决定了产业高质量发展的成败。

(一)产业结构的内涵

"产业结构"在经济学范畴内是一个比较新的概念,是指国民经济中各产业间的内部联系和结构比例关系,是资源在各产业间的配置及变化的表现。产业结构的一般变化规律在不同国家和不同时期的具体表现有所差异,这种规律与变化是制定经济发展战略的重要依据。

关于产业结构,最基本的概念是指一个国家或地区各产业之间的比例关系及其相互联系。对产业结构的认识,学术界有着不同的观点,这些观点的侧重点各不相同。早期美国经济学家贝恩在1966年出版的《产业结构的国际比较》一书中所讨论的"产业结构"实际上是指产业内部的企业结构。在1959年出版的《产业组织》一书中,他已将产业内企业间的关系概括为"产业组织"。20世纪70年代,日本经济学家把产业结构明确地界定为"产业间的关系结构"。国内学者中有的认为产业结构是反映资源配置的关系,是指资源(包括自然资源和人力资源)在社会经济生活各个部门之间配置的比例关系;有的观点则认为,产业结构是产业优势地位的分布;还有的观点认为,产业结构就是国民经济的部门结构,是国民经济各产业部门之间及各产业部门内部的构成。研究产业结构,主要是研究生产资料和生活资料两大部类之间的关系,从部门来看就是研究农业、轻工业、重工业、建筑业、商业、服务业等部门之间的关系以及各产业部门的内部关系。

产业结构也可称为产业体系,是社会经济体系的重要组成部分,主要指产业的各相关指标在产业内部生产要素间、产业间及时间、空间层次上反映出的产业衔接关系。在社会再生产过程中,国家或地区的产业构成主要是指产业间的资源配置状态,其通过产业之间资源的合理配置情况对影响和决定产业间比例关系的因素、产业结构发展规律、产业结构合理性、产业结构高度、主导产业选择标准、主导产业和其他关联产业的协调发展等进行深入研究,以总结、发现产业运行规律,进而更好地指导人类的产业活动。

狭义的产业结构是指国民经济各产业部门之间及各产业部门内部的构成。有时也专指三次产业间的比例关系,有时特指生产资料和生活资料两大部类之间的关系,有时特指农业、轻工业、重工业、建筑业等部门之间的关系,以及各产业部门的内部关系。在我国建设制造业强国及大力发展工业或制造业的进程中,研究这种产业的内部关系显得更为重要。

广义的产业结构是指国民经济内各类产业间的关系结构,采用不同的分类方式就会有不同的产业结构内容。从产业实践来看,产业布局、产业集群、产业链、产业园区等都与产业结构的形成和调整密不可分,对产业结构的优化有直接影响。产业链是产业集群建设的核心,是产业结构调整的重要环节,是产业发展的重要内容。

从字面上的意义来看,产业结构研究的问题既包括某个产业内部的企业关系问题,也包括不同产业之间的关系结构问题。20世纪70年代初,日本一些经济学家对产业结构的概念又做了进一步的澄清,认为产业结构应单指不同产业间的关系结构,而产业内部的企业关系属于"产业组织"问题。

(二)产业结构的发展变化

1.三次产业间的结构变化趋势

在工业化阶段,多数国家的第一产业增加值和就业人数在国民生产总值中的比重逐渐下降。从20世纪70年代开始,英国、美国等部分发达国家的第一产业增加值所占比重的下降趋势逐渐开始减弱;在第二产业方面,20世纪60年代以后,美国、英国等发达国家的工业增加值在国民生产总值中的占比开始下降,特别是传统工业的下降趋势更加明显;在第三产业方面,各国第三产业的增加值占国民生产总值的比重都呈上升趋势,特别是20世纪60年代以后欧美等发达国家的第三产业所占比重均超过了60%。

从三次产业占比的变化趋势中可以看出,在工业化阶段,工业是世界各国国民经济发展的主导部门,当各国完成工业化阶段后将逐步向后工业化阶段过渡,新兴产业和服务业则逐渐成为国民经济发展的主要领域。

2. 工业内部各产业的结构变化趋势

工业化可分为以轻工业为中心、以重化工业为中心、以工业加工度提高为主三个发展阶段。其中,以轻工业为中心的发展阶段主要从纺织、粮食加工等轻工业起步;在以重化工业为中心的发展阶段中,化工、冶金、金属制品、电力等产业均得到了快速发展,特别是化工、冶金等原材料产业的发展相对更快;在工业加工度提高的发展阶段中,加工度的提高促进了产品技术含量和附加值的相应提高,但消耗的原材料并未成比例增长,因此,工业发展对技术装备的依赖程度大大提高,深加工成为工业发展最重要的环节。

以轻工业为中心、以重化工业为中心、以工业加工度提高为主的三个阶段,反映了传统工业化进程中工业结构变化的一般情况,但并不是所有国家和地区的工业化进程均按照上述阶段发展。我国就是先建立重工业基础再发展轻纺工业,随着社会经济的快速发展和需要,仍要进一步推动信息化和工业化融合发展。

（三）产业结构的影响因素

一切决定和影响经济增长的因素都会对产业结构变动产生不同程度的影响。基本制约因素主要有知识与技术创新、需求结构、资源供给能力、生态环境、对外贸易、经济政策及其他因素。

四、体育产业结构

体育产业结构是从产业结构延伸而来的,因此,其概念是在产业结构概念的基础上,具体到体育产业领域的一个更加细分的概念。体育产业内各生产部门之间的技术经济联系和数量比例关系就是所谓的体育产业结构。体育产业结构研究的是体育产业内的各种关系,既包括各生产部门之间的技术、经济联系,也包括它们之间的数量比例关系,它的研究目的是反映各种体育产品生产部门之间的关系,包括体育实物产品和体育服务产品之间的比例关系,它们相互依赖或相互制约的关系,还有各类资源在各部门的配置情况,以及各分支在体育产业总产值中所占的比例,等等。

五、协同发展

产业高质量发展的含义包括经济稳定增长、区域城乡均衡发展、协同发展,以创新为动力,以人与生态友好和谐为发展理念,使经济发展成果更多、更公平地惠及全体人民。其中,协同发展是产业高质量发展最重要的核心要义。

从产业发展层面理解,协同发展不仅指产业规模要做大,更要在不断转型升级中得到质的提升;产业结构要不断实现优化,区域间与区域内产业布局实现有机协同;产业要形成具有内生创新与发展动力的内在机制,以显著提升制造业产业效益。

一般而言,区域经济一体化并不是某种一致的发展结果,而是受到某种条件约束的演化过程,任何形式的区域经济一体化都是如此。现阶段,中国特色社会主义现代化建设已经进入新时代,无论是当前还是今后一段时期,我国社会经济领域改革与发展的主要诉求点都是高质量发展,这对我国体育产业发展的主线也有直接的影响,提升发展质量和效益成为我国体育产业发展的新主线。为了应对国家经济发展模式的变化,区域经济发展方式也随之变化,在推动区域体育产业高质量发展的同时,也要强调协同发展。总之,国家经济发展模式的变化使得长三角体育产业高质量协同发展成为一种必然选择。

对长三角体育产业协同发展而言,其最优状态就是高质量协同,这同时是一种高级状态,这种发展状态是阶段升级演化的自然结果,其基本内涵是应对国家经济发展模式变化,贯彻创新、协调、绿色、开放、共享的新发展理念,推动理念变革、动力变革、手段变革和标准变革,提高区域体育产业全要素生产率。实现长三角体育产业高质量协同发展的根本标志是以更高标准的制度设计推动形成统一、开放、竞争、有序的区域共同市场,区域体育产业全要素生产率为其核心评价标准。

第二节 理论基础

一、区域一体化理论

区域一体化的理论研究是决定区域发展的先决条件,其可以将区域内的资源进行综合的评估,根据发展目标和发展规划,选择适当的配置组合,最终实现最大产能。在区域一体化的宏观思想指导下,可以选择相应的理论体系进行论证、尝试,从而得到最佳的发展效果。

区域经济是指特定区域的经济活动和经济关系的总和。一个区域可大可小,可以是一个省内的某个区域,也可以是几个省共同组成的区域,或者还可能是跨国的区域,如欧盟经济体。总之,区域的大小并不是最重要的,重要的是区域的发展规划和协同作用的发挥情况。对于高层来说,区域发展一定要具有前瞻性眼光,既要具有大局观,又要能洞察区域内各个组成部分的发展优势和劣势等,通过合理调配和安排,让每个地区都发挥出自身的最大潜力。

对于一个国家而言,整体系统涵盖了部门体系,国家这一经济体也涵盖了区域体系。区域是它的一个实体,是一个子系统。区域体系是由无数个区域实体组成的,而且每一个实体都有其自身的特点和运行规律。

(一)区域经济学理论

区域经济学是研究区域经济一般规律的科学,具有很强的综合性,需要经济地理学、发展经济学和产业经济学等作为研究的知识后盾。

埃德加·胡佛在构筑区域经济学理论体系的过程中提出了区域经济学的三大基石。自此,区域经济学被更多的人所关注和研究,并形成越来越大的影响力,从而有效地促进了实践中区域经济的发展。

1. 生产要素的不完全流动性

在人类的经济活动中，无论哪个时代、哪个地区，在研究经济问题时，都不能仅仅局限于经济，而要和具体的地域、空间和时代相结合，进行综合研究。因此，在所有的经济研究中，必须结合地域特点和位置资源等自然条件，综合地进行分析。每一个地域的自然条件都具有区别于其他地域的独特性。有些地方具有优越的农耕条件，有些地方水草丰富，适合放牧，有些地域盛产珍贵药材，靠近海洋江河的地区则拥有多种生活、生产以及文旅方面的资源。

当然，也有不少地域自然条件较为贫乏或者恶劣，不适合耕种、渔猎等。但是，凡事都具有两面性，这些地域具有独特的自然风光，吸引着各地游客前来观光旅行，从而带动了当地的文旅产业。人类必须适应环境，在有限的资源条件下寻求和创造生存机会。区域经济的提出，从更大的视角解决了这些问题，通过全局考量，可以将各个资源进行科学整合，逐渐形成区域差异和区域优势。

我们通常将资源分为自然资源和社会经济资源两大类。自然资源是人们赖以生存的资源，如土地、森林、矿山、草原、水等；社会经济资源指的则是人力、资本、知识、技术等无形的资源。需要指出的是，单凭一项资源寻求发展的空间是极为有限的，无论是自然资源还是社会经济资源，只有在合理、科学的整合调控下，才能充分地发挥其潜在的价值，发挥出最佳作用。

对区域经济的管理，实际上就是对资源的充分分配和运用，需要科学的理念作为支撑，才能行之有效。不同资源之间的连接和协同也是一项非常重要和复杂的工作。

在区位效应的作用下，几乎所有的生产要素都会向一些地区聚集，形成区域优势，并且这种聚集和优势会不断加强，即形成强者愈强、弱者愈弱的局面。可是，无论是自然资源还是社会经济资源，都是有限的，资源总是不够用的。因此，在全球人口不断膨胀的前提下，资源就显得越来越紧缺。这就亟须通过经济学等理论知识进行管理和调控。但是，大多数的生产要素还具有一个特点，就是不完全流动性。生产要素分布的不均衡性和生产要素的不完全流动性，决定了人类的经济活动不可能实现空间的均衡化。因为，如果生产要素可以自由流动，那么理论上生产要素是可以实现均匀分布的。但实际情况是，由于大多数生产要素在空间上不能自由移动,因此,就无法避免资源的聚集,产生区域差异以及区域优势。因此,要素的不完全流动性是区域经济学的灵魂与活力所在,是区域经济差异的前提,也是区域经济多样性、互补性和区域分工的基础。

2. 生产活动的不完全可分性

体育企业的生产活动具有不完全可分性,是区域经济学的另一大基石。企业的发展以谋求持久获利为基本目的,然而在生活经营过程中,为了降低成本,提升利润,会试图将生活经营过程划分为若干彼此相连的工序,并对各个工序进行更加细致的管理和调控,从而实现对成本的有效控制。

区域经济还有另外一个特点,由于规模经济和集聚经济的存在,生产活动不可能被彻底分割,即区域不可能均衡地分布各种资源。也就是说,选择一个条件合适的位置,集中大部分优势资源是发展过程中一个必然的选择。因此,应通过科学布局各类资源,以有效的分工协作形成区域势能,继而吸引大量的人口聚集,从而形成城市这种地区的经济中心。

3. 产品与服务的不完全流动性

除了生产要素之外,产品的服务也具有不可流动性。因为要想实现产品与服务的移动,就要付出相应的运输成本,否则就不可能流动。因此,为了节约成本,产品与服务以靠近消费市场为第一要素。这就是所谓的产品与服务的不完全流动性。尽管现代社会的通信、交通等都得到了极大的发展,为人们的工作和生产带来了巨大的便利。然而,即使技术如何发达,也无法全球取代物理时空的距离,可以说,只要有距离存在,经济活动就要支付距离成本。但是,反过来看,这些距离又对区域优势的发挥和保护产生了极为重要的作用。

区域增长理论在发展经济学的理论基础上,引入了区域的概念,从而使经济学与区域发展相结合。区域经济学和发展经济学的主要区别在于,发展经济学主要是针对发展中国家的经济增长问题展开研究的,而区域经济学的研究不局限于现有的经济水平,而且不局限于"国家"这个范畴,它可以包含几个国家,也可以是一个国家内部的地方区域,因此,它们的范畴不同。另外,发展经济学没有地理学的相关因素,而区域经济学在很多问题上都需要把地理条件、周边环境作为研究的出发点,也一直在不断地把经济学的理论应用于区域研究中。

与一般产业结构的经济问题不同,特定地理空间的产业结构具有较强的区域产业特性。另外,区域经济研究产业问题,主要是服务于产业布局,是以全局性的经济发展为出发点。产业结构的研究目的不是区域经济研究产业问题的目的,区域经济研究产业问题是为产业的布局服务的,最后以形成区域经济发展的布局方案。在实践中,区域经济学与产业经济学有很多交集,在理论上会形成一些借鉴。比如,在产业经济学中有对产业布局的详细研究,对不同产业所需要的环境条件以及产业间的协作和关联问题都有详细的分析。

(二)区域经济发展理论

区域经济发展理论源自西方,它的发展历程大致可分为区域内发展理论、区域间发展理论和百花齐放三个阶段。

1. 区域内发展理论阶段

人类的经济活动都是从最朴素的生活需要开始的。人类要想活下去,不仅需要适宜居住的自然环境,还需要稳定的食物来源以及成熟的经济运行,这就是西方区域经济发展理论的发端。

提到区域经济发展理论,首先要认识的是该理论的创始人,即德国的农业经济学家杜能和德国经济学家韦伯。杜能在其著作《孤立国同农业和国民经济的关系》中提出了一个有力的观点:他假设了一个以谋取最大利益为终极目标的"孤立国",如果地价不同,与消费市场的距离将影响农作物的布局。我们知道,无论国内外,几乎绝大部分的农业生产都在城市周围,或者说,形成了农村包围城市的格局,这用理论来表达就是农业区位论。

之后,德国经济学家韦伯提出以最大利润和最小成本来选择厂址,从原材料和消费、消费规模既定、劳动力非流动等假设出发,提出了与农业区位论相似的工业区位论。韦伯认为,为了节省成本,生产者会倾向于把区位选择为距离成本最低的地方,即选择运输距离最短,需要运输的量也越少越好。这一理论同样是 18 世纪末最重要的指导区域经济发展的理论基础。后来,赫克歇尔和其学生俄林又提出了资源禀赋理论。该理论从要素分布的角度出发,将生活过程按照各个要素的分布来考虑各个国家和地区在开展经济活动时所产生的决定性的影响。1933年,德国经济地理学家克里斯塔勒从探讨城市的分布规律出发,以杜能和韦伯的区位论为基础,发表了著作《德国南部的中心地》。该书系统地阐明了中心地的数量、规模和分布模式,标志着城市区位中心地理论的正式建立。

2. 区域间发展理论阶段

以上阶段的特点是,以杜能和韦伯为代表的研究几乎局限于"当地"的经济发展问题。随着实际发展的需要,显然当地的发展不能适应更大的发展目标。于是,新古典经济学从自由竞争和要素自由流动的假设出发,将研究范围扩展到区域外,将目光投向了"区域间"地带,这是一个具有历史意义的突破,并很快发展出以下两种观点:

(1)区域间的协调发展

说到区域间的协调发展,最重要的奠基人是索罗和斯旺。他们的研究观点主要为,在区域逐渐开放的过程中,该区域内的生产要素也在向着区域发展的方向积极流动,那么自然会带来的结果就是区域经济得到发展和增长,从而扩大原有的区域势能,迈上新的增长台阶。同时,随着区域的逐渐放开以及增长的不断累积,带来的积极效果就是不同区域间的差距将逐渐缩小,在地理空间上体现为逐步收敛之势。还有一种观点认为,当一个区域的经济增长和它的输出增长有关时,即随着经济的增长,它的输出也在增长,而区域外的需求扩大的动力,则来自内生增长。换言之,假如每一个区域都只专注于发展自身的优势,不断加强它们的比较优势,那么经过一段时间的发展,在自由贸易的作用下,不同地区间的要素和价格将会趋于平衡,从而令区域间的差距不断缩小。这就是区域间协调发展的主要过程,这一观点来自美国经济学家诺斯。

(2)区域间的非协调发展

但是,区域间并不完全是协调发展的,事实上,在很多时候,区域间会进行非协调的发展。并且,同样持有非协调发展观点的学者并没有完全达成一致,他们彼此也有一定的分歧,对非协调发展具有不同的观点和理解。比如,来自辐射理论的观点认为,区域间会产生相互影响,但并不会趋同;而二元结构理论的观点则认为,区域间的个体都具有各自的发展过程,以及产生两极分化的情况,因此不能协调发展。虽然这两个观点都认为区域间呈非协调发展的局面,但是它们的理论依据并不相同。

根据辐射理论,经济发展水平较高的区域,一般现代化程度也较高,社会的各个层面发展都领先于其他地区,那么该地区在与经济相对落后的地区开展经济活动时,会促进两地生产要素的双向流动,特别是人力资源的转移。而更为重要的是,伴随着经济活动的不断加强,思想观念也随之传播。比如在20世纪20年代,发达国家开始出现经济衰退迹象,主要表现为结构性衰退,这导致当时经济发展领先的英、美出现明显的经济发展不平衡的趋势,进而带动了产业和人口的大量外流。基于这一历史背景,经济学家佩鲁提出了辐射理论,即以点辐射为主要形式的增长极理论。增长极理论其实就是把区域内的优势产业,或者是在一定时期内起到一定的经济支配作用,或者起到较为明显的经济推动作用的产业称为"增长极"。借助增长极的自增长能力以及较强的创新能力,带动整个区域内的产业实现全面发展。并且,由于增长极更具活力,与外界的产业关联度更高,其可以实现激活整个区域的产业活力和潜力,进而带动更多的产业发展起来。从该理论的视角出发,反对均衡增长,而是主张非均衡增长。

在增长极理论的基础上,波兰经济学家萨伦巴和马利士又提出了点轴开发理论。点轴开发理论可以看作增长极理论的扩展。点轴开发理论认为,随着增长极的增多,它们彼此会出现相互联结的作用,并产生了高于增长极的功能,这被称为"发展轴"。发展轴的出现可以更加强劲地盘活区域产业,促进更深层次的关联和发展。

美国经济学家雷蒙德·弗农提出一个新的理论。该理论认为,最新的技术首先在最先进的区域产生完美效果,随着发展越来越成熟,会逐渐向欠发达地区转移,当技术变得更加自动化,生产又重新定位于最发达的地区,这是为了追求资本和人力的易得性。

当时间的指针指向20世纪70年代,随着经济与社会的发展,增长极理论和增长轴理论已不足以支撑当时的经济发展需要。此时,克鲁默和海特在前人的基础上又创立了梯度理论。梯度理论认为,仅仅靠增长极或者增长轴的带动仍然不够,真正能够决定区域经济发展的,起到更大作用的,是区域产业结构。产业结构是真正支撑产业全局的内在逻辑。因此,产业结构的优劣将直接影响该区域的经济发展水平和发展空间以及发展韧性。其中,产业结构又与主导产业在其工业生命循环中所处的阶段直接相关。一般将创新活动较为活跃的地区称为"高梯度地区",那里一般创新不断,所有的创新人才也汇聚于此。创新活动会随着工业生命循环阶段的发展,由高梯度地区向低梯度地区转移。

3. 百花齐放阶段

百花齐放阶段主要是指 20 世纪 80 年代之后。这一阶段具有代表性的区域经济发展理论是选择性空间封闭理论。该理论认为,区域经济发展最核心的问题是当局者能否放权,权力的过度集中将直接制约着区域的发展。因此,应做到有效地将权力交到各个区域手里,给区域充分的自主权和选择权,包括根据自身资源和需要灵活分配各种生产要素,如人力资源、资本资源、自然资源等。总之,当区域掌握了指导发展的实际权利之后,将使区域的经济发展更具活力,进而有效地进行发展,提升资源的利用率。20 世纪 80 年代,针对经济活动的空间聚集现象,区域经济学家找到了产业组织以及由此而引发的收益递增这一要素。

迈克尔·波特在 20 世纪 80 年代之后提出了一项重要的观点,认为集群是国际优势竞争产业的基本特征,产业集群区域受益于地理空间集聚与产业结构和组织的优化升级。也就是说,可以通过协同效应和规模效应,使集群的竞争优势更加凸显。

保罗·克鲁格曼在 1991 年发表的《收益递增和经济地理》中提出了“中心—外围”的模型,这一模型分析了产业集聚的形成原因和过程。不过,杜马斯并不同意克鲁格曼的这一观点,他通过实证研究表明,美国企业选址并非为减少运费,而是侧重于靠近使用同类工人的公司,强调个人之间和公司之间的思想流动。这种思想的流动有助于企业和个人之间的相互激励和学习,从而加强创新的产生。这一理论在实践中得到验证,不仅是美国,其他国家同样具有产业间聚集带来更多创新的案例。

4. 对区域经济发展理论的评析

(1)区域经济发展理论的有效性

对任何一套理论的评价,都需要看它在实践中的实施效果。对经济相关理论的评价,最根本的途径也是看该理论的有效性,在现实世界能够行之有效是检验理论的唯一标准。但是,也要清楚,理论的有效与否,还会受到很多因素的影响,如既要看理论与既定目标是否匹配,也要看实践的具体时间和范围。理论在付诸实践的时候,还要看制定的目标是短期的还是长期的,是局部的还是全局的,长期目标自然需要更多的时因此,判断一套理论是一个需要考核多方面因素的过程,理论的正确与否会因时、因地、因人而产生不同的效果,但最根本的还要看该理论是否能从全局和长远来看,是否达成了最初的目标。其实,这一标准也不是精确的,因为"长远"和"全局"也是相对的概念,时间多长才能算作长远? 空间多大才能算作全局? 可见,对理论的研究和衡量需要相当大的空间和相当长的时间作为基础。

（2）区域经济发展理论的现实性

从这一角度出发再看区域经济理论,就会更加平和理性。区域的发展有"靠山吃山、靠水吃水"的隐含意思,但这只能算作对现实的描述,并没有说明其形成的原因,更没有就当地的情况进行深入的分析。比如,如何更加科学地靠山吃山、靠水吃水,如果没有山也没有水,将怎么应对,有哪些解决方案;如何持续性地发展,化解区域经济发展的现实困难。这些都是需要认真对待的问题。

5. 区域经济发展理论在西方国家得到验证

需要强调的是,不同地区的经济发展有各自不同的特点、条件和优势,发展路径不尽相同,发展的时间早晚、发展速度和方式都有所不同,这就形成了区域经济发展的差别。

从经济区位论来看,其出发点都是客观自然条件,其目的是成本最小和利润最大。但其缺点是没有考虑人的因素,没有考虑人与自然之间的关系,也没有考虑人类社会的整体发展方向,唯独只强调了利益问题。总之,忽视绝大部分人的利益,却希望让大家为企业创造更多的价值,这显然是不可能的,或者说是不可持续的,最终结果就是企业和地区经济很快失去活力,发展陷于停滞状态。

从区域间发展理论来看,区域间的非协调,在西方社会的语境内,都是由于推崇个体利益至上的理念所决定的,长期来看,追求个体利益的最大化,必然导致区域间的非协调。因此,可以说,自由主义的"发展"不是所有人的发展,而是少数资本家阶层利润的增长以及由此所决定的地区生产总值的增长。这就决定了协调与共享具有天然的矛盾存在,最终不协调则成为必然现象。

由此可知,前两个阶段的西方区域经济学不可能摆脱自由主义理念的束缚,也就无法实现理论上的突破,然而进入"百花齐放"之后,则可以用热闹但无解来形容。高举"经济达尔文主义"大旗的经济学家,以及无视失败或者处于劣势的人们,尽管其理论研究越来越丰富,但是并没有真正解决实际的问题。

6. 区域经济发展理论易于应用和推广

区域经济理论由于概念形式简单,容易理解,推广具有极大的优势,降低了政策制定者理解和运用的难度。区域经济的相关政策也便于操作,在区域内发展体育产业经济的时候,该理论成为一种十分有效的、具有现实指导价值的经济理论,它有助于政策制定者的实践,以及在过程中对发展的监督和管理。另外,区域经济发展理论对主导产业的重视,也符合社会进步的动态趋势,与人们的发展愿望相一致。

区域经济发展理论的不足,主要是因为西方社会的价值判断和认识方法。西方社会主张个人的权力不可侵犯,主张自由主义,尽管具有一定的先进性,但是也限制了经济的发展。

经济学家自身也无法幸免,他们倡导自由主义,但是自由往往集中在掌握大量社会资源的上流社会的手中,而底层群众的自由是一个伪命题。区域经济的发展也是由少数资本家所主导的,因此,区域经济发展理论先天具有某种缺陷。

二、体育产业发展理论

有关体育产业发展的理论还不是特别成熟,但是由于它与经济学和社会学具有内在的关系,因此可以从相关学科的成熟理论中进行借鉴。一般最常见的主要有以下四个理论:

(一)发展经济学理论

从发展经济学的角度来看,体育产业的发展是以提升附加值为推动力。"附加值"作为一个发展经济学概念,是"附加价值"的简称,其本质是使用价值,在现代产业体系中,提高附加值是产业发展的核心和灵魂,对于体育产业而言,也是开展高质量发展的一个重要侧面。对于全面提高体育产业而言,创新是提升附加值最根本的途径,唯有创新,才能将体育产业在各个方面得到拓展,使其稳稳地居于国家经济生产的

"支柱性产业"行列。

从产业层面来看,发展体育产业可以在原有的基础上,提升产业的附加价值,如在生产过程中通过创新来有效地开发产业潜能,打开思路,使体育产业焕发新的生机。另外,还要注重发展协同效应,带动整个体育产业的发展,才能得到最大收益。但需要注意的是,所有产业的附加值都具有零和性,即一个产业附加值的上升,就意味着其他相关产业的附加值会下降。

(二)产业生态学理论

产业生态学理论是将自然界生物系统的有机循环原理引入产业经济的分析中。该理论认为产业系统是生态系统的一个特殊子系统,其内部要素之间也具有类似自然生态中存在的依存关系,这种依存既有多向的依存共生,也有激烈的竞争厮杀。体育产业由投资者、经营者和消费者三大主体构成,因而其生态形式具有较高的复杂性。体育产业与区域社会经济、环境、文化等因素一起构成了社会生态系统。在这一系统中,随着各个产业的不断发展和变化,其业态机构越来越丰富和强劲,也就越具有自身的生命力。因此,借助产业生态学理论,可以具有较强的整体视角,能够从系统的思维入手,进而更加辩证地看待产业内外部环境的关系,为全面把握高质量发展的内涵提供了新的视界。

1.产业生态学理论的主要特点

产业生态学中的一个重要内容是生态位原理。自然界中的物质、能量和信息的流动与交换,具有不同的形式和规律,同时决定了不同企业、不同地区有着各自的生态位。当多个主体需要利用某种共同的要素时,就会出现生态位重叠的现象,生态位的重叠必然会导致生存权的争夺,产生排他现象,不同主体之间将展开激烈的竞争。就我国当前体育产业的发展形势来看,存在明显的同质化现象和过度竞争等问题。这主要是因为发展初期,大量具有相同特质的组织涌进,形成无序和混乱的竞争局面,这是每个产业发展初期的基本特征。由此得出的结论是,生态位的重叠会带来低效的竞争,这就需要国家从更高层面进行战略性的调控和布局,引导不同主体进行分流,规避生态位的重叠问题。也就是说,要从不同时空尺度上,对体育产业进行规划,将各种资源进行科学的多元布局,对多种因素及其相互关系进行系统的分析,提高产业生态的理念,针对每一个具体的体育产业场景,展开细化分析,力求找准企业和区域的竞争生态位优势,这是体育产业高质量发展的关键所在。

2. 产业生态学理论的主要内容

产业要素之间在横向上具有耦合性,在纵向上具有闭合性,在区域范围内也具有整合性,这正是产业生态理论强调的重点。体育产业链与其他产业链相比本身就比较复杂,而且体育产业与很多产业之间都存在明显的关联性,这主要从价值形态和实物形态中体现出来。这就为体育产业与其他产业的互补、融合、一体化发展提供了很大的空间与充分的可能。

在产业生态学理论下调整体育产业要素时,要有侧重,把握重点,将体育产业要素体系内部的纵横关系处理好,并将该体系与外部环境的关系处理妥善,对于相似的要素,要做好分析比较的工作,经过对比分析淘汰落后要素,或采取科技手段助力转型,还要充分发挥优势要素的价值与潜能,提升体育产业内部活力。与此同时,该理论还要求我们利用产业耦合效应推动体育产业转型升级,使体育产业链上的各个环节都能按比较优势的转移聚集规律相互渗透与交叉,并在此基础上构建和谐的产业生态圈,推动体育产业的高质量与可持续发展。

(三)经济社会学理论

1. 经济社会学理论的基本含义

经济社会学是以社会学的视角观察和解释经济现象和经济制度的一门交叉学科,其背后的理论思路和分析框架仍然是社会学式的,即不将经济现象看成独立于社会结构或社会网络之外的领域。根据经济社会学理论,商品是一种带有文化烙印和特定社会规范的物质。作为一种文化,现代体育在近几十年里发展迅猛,并成为我国主导的体育形式。根据符号互动论,这一传播过程是体育作为一种符号深度进入人们生活的动态发展的过程。体育作为一种符号,被赋予了许多积极意义和文化价值。随着现代体育在各个国家和地区深深扎根并发展,它们也将不同地区和民族的文化带到了更多的地方,因此具有广泛的社会学意义。

2. 经济社会学对体育产业的影响

随着体育文化越来越多元和丰富,其经济意义和商业价值也越来越大。由此可见,体育产业的发展与人们的生活方式、观念意识、消费习惯等有着深层的关联。在这个意义上,体育产业高质量发展就具有了一定的社会学属性。那么从经济社会学视角去重新观察和理解体育产业高质量发展,将具有现实意义。

经济社会学认为,文化具有强大的生产力,可以促进经济繁荣,并且可以跨越不同地域和民族的限制,因此在经济发展建设中能带来极大的想象空间。同时,伴随科技的进步与知识经济的崛起,以人为本成为社会文化发展的主流思想。而体育因具有独特的文化品格和经济价值,在经济和商业表现上都格外令人瞩目。近年来,以西方文化为主导的现代竞技体育在市场上表现优异,不仅每年为许多国家的 GDP 做出了突出贡献,而且具有持续地调控消费行为的能力。例如,近年来在中国各大中城市以"井喷式"增长的马拉松项目,激活了相关联的多重消费热情。类似各类优质体育赛事 IP 的涌现,也产生了消费带动现象。

由此可见,文化主导下的体育消费并不是附属于其他生产型消费的行为,其自身已经发展出了强烈的象征意义和商业价值。体育消费本身就具有彰显身份、财富、审美和价值观的作用。因此,随着体育文化的普及和浸润,体育消费提质扩容将成为必然。体育文化在自身不断探索和尝试的过程中,还影响着社会的消费行为,观看各种体育赛事以及由此带来的旅行、餐饮、服装等文娱消费内容在不断丰富和升级,国家也相继出台了诸多利好政策,社会企业积极抓住机遇,趁机抢占市场先机。

在这样的大环境下,体育文化不断聚合出新型业态,激发出无穷的想象力。新一代的年轻人由于生活环境的极大改善,对精神、物质方面的消费需求明显与以往时代不同。新时代的年轻人在文化、娱乐、体育方面是消费的主力军,且他们的人本意识明显增强,在消费方面更大胆,更愿意尝试新事物,在某种意义上,年轻人的体育文化观也是未来体育文化发展的缩影。总之,以文化的价值打造体育新业态并引领体育新消费,为理解新时代体育产业高质量发展提供了一个新视角。由此,体育产业的高质量发展就具有了一定的社会学属性。

（四）善治理论

1. 理论概述

关于善治的概念，不同学者有不同的见解，下面分析几个具有代表性的观点。查尔斯·福克斯认为，"以人为本"即善治。人民为了幸福生活而民主决定的东西就是"善"，人民就是主人，是判定对错的最高标准。

罗茨从过程角度对善治的愿景进行了描绘。他认为，可以在市场公共服务中引入市场激励机制和企业管理手段，基于互利与信任来建立社会网络，从而在政府与人民之间、公共部门与私人部门之间建立良好的互动关系，这样一来，善治模式才真正得以形成。

俞可平认为，善治体现了政府与民间的一种新关系，政治国家与市民社会在这个良好的合作关系中均处于最好状态。简单来说，善治就是政府与人民合作，共同管理公共生活，在这个管理过程中，主要目的是追求公共利益的最大化。民间社会是善治的基础，民间社会健全、发达，才有实现善治的可能。如果公民参与度不高，政府与人民没有良好的合作，那么善治就不会实现。

从不同学者对善治的不同解释来看，善治的特点主要表现在以下几个方面：

（1）透明性

政府在与人民共同治理的过程中，要公开政治信息，以方便公民行使权利和监督管理过程。

（2）法治性

善治必须建立在法治的基础上，善治不可能离开法治而存在。

（3）参与性

善治必须有公民参与。制定与执行决策以及监督管理过程与效果都要有公民参与。

（4）责任性

公民既享有参与决策与监督的权利，也要承担责任。政府部门在善治中同样承担着很大的责任。

（5）回应性

对于公民提出的要求，政府要及时回应，不能回避。

（6）有效性

善治就要减少管理成本,提高管理效率。

2.善治理论的应用

将善治理论运用到体育产业的培育与发展中,要注意以下几点:

第一,对区域体育产业情况进行深入调查,要在了解现状的基础上对有关管理制度、管理措施进行完善,并加强创新管理,满足消费者的需求。政府机关制定相关决策时,首先要考虑消费者的需求和满意度。

第二,区域体育产业与其他体育产业的协同管理模式应科学合理,适应消费市场现状,对国外体育产业管理的先进经验予以借鉴,或者对其他产业的管理经验予以借鉴。

第三,创建体育产业品牌,发挥品牌优势,提高品牌效应,使体育企业的影响力扩大。区域性优势体育产业管理要有特色,要能促进体育产业与其他行业的共同发展,实现共赢。

第四,要做好优势体育产业区域性培育与管理的效果评估工作,把消费者的满意度作为首要评估指标。

善治理论将公民参与作为一个重点来强调。善治本身就是建立在公民参与基础上的,如果公民不参与或参与度低,那么就不可能与政府建立合作来共同管理公共事务。我国在区域体育产业培育与管理中推行善治,就会吸引更多的人参与体育消费,发展体育产业带来的经济效益将惠及社会与人民。当人们享受到体育产业发展带来的好处后,消费的积极性又会大大提高。广大公民在与政府的合作管理中,会逐渐增强保护生态环境和体育资源的意识,并将体育资源开发的经济性、生态性、可持续性作为优势体育产业发展的重要评估指标。因此,随着合作管理的有效进行,区域自然生态环境也将得到明显的改善。

三、产业结构优化理论

产业结构优化问题是一个复杂的,同时是新颖的经济学问题。产业结构变化及调整涉及许多因素,不仅是直接与结构变动有关的诸经济变量的运动结果,而且与更高层次和更大范围的发展战略、体制模式等有密切关系。在介绍体育产业结构优化理论之前要清晰明确产业机构理论的渊源。

（一）产业结构理论的思想渊源

产业结构理论是随着人们将经济理论研究深入产业结构的层次而产生发展起来的。考虑从结构的角度研究经济活动问题,产业结构理论的渊源可以追溯到英国古典政治经济学的创始人威廉·配第1672年出版的《政治算术》。配第首先发现了世界各国国民收入水平存在的差异,经济发展处于不同阶段,其关键原因在于产业结构的不同,因而是最早关注经济中结构性问题的学者。他在该著作中指出:"比起农业来,工业的收入多,而商业的收入比工业多。"这一发现被称为配第定理。配第定理揭示了结构演变和经济发展的基本方向。

法国古典政治经济学的主要代表、重农学派创始人魁奈1758年推出的《经济表》和1766年推出的《经济表分析》,分析了当时法国社会总产品的流通和再生产问题,并根据他自己创立的"纯产品"学说,提出了关于社会阶段结构的划分。他首次将各阶段收入的来源、资本和收入的交换、生产消费和个人消费统一起来分析,把农业与工业两大部门之间的流通看作再生产过程的基本要素,从而为国民经济结构及产业经济结构研究奠定了初步的基础。

德国国家主义学派的经济学家李斯特在1841年出版的《政治经济学的国民体系》一书中,提出了产业结构演进的五个阶段理论,"在经济方面来看,国家都必须经过如下五个发展阶段:原始未开化时期、畜牧时期、农业时期、农工业时期、农工商时期"。他还提出了采用国家干预经济促进产业结构优化的理论。李斯特的产业演进论及国家干预经济的思想对于后来产业经济学的发展有很大的影响和作用,有些政策主张后来被日本、韩国等国家和地区采用。马克思于1867年出版《资本论》第一卷,提出了社会再生产理论、生产资料生产优先增长理论等,具有独特的见解,对社会主义国家产业结构发展具有直接指导作用。洛桑学派的瓦尔拉斯在1874年出版的《纯粹政治经济学纲要》一书中,提出了边际效用价值论,并运用数学方法,从交换、生产、资本形式和货币流通四个方面,创立了以边际效用价值论为基础的一般均衡理论(或称瓦尔拉斯模型)。该模型通过一系列的方程式,说明国民经济中各个生产部门间的关系和每个部门对生产要素的竞争性需求,同时考察了每个部门的生产费用、商品的总供求量和生产要素的总供求量,是投入产出分析法的理论基础。一般均衡理论为研究经济结构问题提供了一个重要的理论与方法。

(二)现代产业结构优化理论

现代产业结构优化的理论体系一般包括四个方面：一是关于产业结构形成理论，包括产业结构的基础性知识，如研究范畴、科学内涵、研究方法等；二是关于产业结构演化理论，主要考察产业结构变动与经济增长的内在联系，揭示产业结构演进的规律性，产业结构的变动因素分析以及产业关联分析等；三是产业结构优化理论，主要揭示产业结构从低级向高级演进的一般过程、主导产业转换、产业结构合理化等；四是产业结构政策理论，主要研究政府对产业结构的调整和运作问题。

产业结构优化理论的形成是产业结构理论研究的深入和发展。产业结构水平与一国或地区的资源环境条件、经济发展水平、科技发展水平、人口规模和贸易结构等要素相关联，它没有绝对的高低之分。产业结构优化是在一定时期内国民经济效益最优的目标下，考虑上述因素的特点，通过对产业结构的动态调整，推动产业间协调发展和不断升级，即达到产业结构合理化和高级化的过程。产业结构优化理论主要有罗斯托的主导产业扩散效应理论、赫希曼的产业关联理论、筱原三代平的需求收入弹性基准等。

1. 罗斯托的主导产业扩散效应理论

罗斯托在研究各国经济发展的效率时发现，在经济发展的特定时期，一个国家和地区国民经济各部门的增长率是不同的。从这个意义上说，一个国家和地区经济增长是某些能够带动其他产业发展的关键部门迅速增长所产生的直接或间接的结果。他认为，由于若干主导产业部门迅速扩大，所以使经济发展的结果能够保持，这些主导产业部门可以对其他产业产生扩散作用，包括回顾效应、旁侧效应和前向效应。主导行业部门正是通过所表现出的这三种效应的产业结构关联作用，使其带动作用远远超过其本身发展的作用，并能在整体上带动一个国家和地区经济的全面增长。所以，优化产业结构的前提是必须选择若干能够带动一个国家和地区经济全面增长的主导产业。罗斯托对产业结构优化升级的系统性总结研究，奠定了产业结构优化的理论基础。

2. 赫希曼的产业关联理论

美国经济学家赫希曼在《经济发展战略》一书中对产业结构进行了深入的研究,他的贡献在于对产业结构关联效应的研究。赫希曼认为,增长过程或发展进程的本质都是不平衡的,就好比一条"不均衡的链条",从主导产业通向其他产业。经济发展通常采取"踩跷板"的方式推进,从一种不平衡走向另一种新的不平衡。因此,必须使不均衡的链条保持活力。由于发展中国家或地区资源的稀缺性,要想带动其他产业和经济的发展,只能将有限的资源有选择性地投入关联度大、具有发展潜力的战略产业部门。当这些部门的投资创造出新的投资机会时,逐步扩大其他部门的投资,带动关联产业结构的调整与发展,进而促使产业结构优化升级,从而达到整体发展。他指出,产业结构的优化应通过选择那些能带动其他产业发展的产业来实现。一个产业部门的前后向关联效应越大,引起其他产业部门发展的伸展能力就越强,对经济增长率的贡献也就会越大。由于产业关联度高的产业会对其他产业产生较强的后向关联、前向关联和波及效应,因此产业结构优化应加强此类产业的发展。

3. 筱原基准

日本经济学家筱原三代平在20世纪50年代出版了《产业结构论》一书,提出了所谓"动态比较费用论"。他认为,在工业化进程中,生产要素禀赋等经济因素都会发生变化。后进国家可以利用国际市场发展本国的优势产业,通过制定合适的产业政策发展本国的劣势产业,随着部分产业生产要素禀赋的变化,使原来具有比较劣势的产业成为新的比较优势产业,从而获得国际竞争力,以实现产业结构的高度化。筱原三代平认为在考虑产业结构优化问题时,有两个基准条件:一是需求收入弹性基准,二是生产率上升率基准。需求收入弹性大的产业,占有很大的市场份额。在社会生产和扩大再生产中,生产率增长较快的产业,产品的生产费用却比较低。这样可以吸引各种资源向该产业流动,使该产业在技术和资源的供给上比其他产业具有更多的优势,从而促使该产业比其他产业发展得更快,使这一产业逐步成为一个国家或一个地区社会经济增长的主动力。

筱原三代平认为,产业结构优化应率先在生产率上升快的主导产业中实现。筱原基准的提出,使产业结构优化升级理论更具有应用性和可操作性。日本政府政策研究部门在筱原基准的基础上,考虑了就业和环境问题,增加了劳动内容基准与过密环境基准。劳动内容基准要求在选择主导产业时要考虑能够为劳动者提供舒适安全和稳定的劳动场所的产业。过密环境基准要求选择能够满足提高能源的利用效率以及改善公害的能力,并具有扩散社会资本能力的产业作为主导产业。

四、协同发展理论

(一)共同市场理论

共同市场理论是国际区域经济一体化理论中的一个基础理论,在关税同盟和自由贸易区方面,该理论的思想进步非常明显。共同市场理论提出,区域商品自由流动存在一定的障碍,生产要素的自由流动也被一些壁垒束缚着,区域成员要消除这些障碍和壁垒,共同建立一个自由共同市场,使生产要素和商品能够在市场中自由流动。建立共同市场后,在区域内能够使商品生产按照可能的生产线重新组合,从而提升区内资源配置效率,这也能够促进生产量和贸易量的扩大,进而推动区域内的生产线对外扩张,进一步促进区域经济发展。

共同市场理论在欧盟区域经济一体化的实践应用中积累了丰富的经验,也取得了很大的成功,但应用于国际区域经济一体化中的情况甚少,主要原因是要在自由贸易区或关税联盟的基础上应用共同市场理论,而且要求成员国经济发展处于比较一致的阶段,经济水平也要相似,不能有明显的差距。随着共同市场理论的不断发展与成熟,又有一个新的经济理论从中发展起来,即大市场理论,深入认识共同市场理论和大市场理论,有助于为我们深入理解长三角体育产业高质量协同的重要价值、形成机制提供可靠的依据。

在共同市场理论下,长三角地区要改变"三省一市"体育市场相对分割的局面,形成一个统一的大市场,在这个市场中,"三省一市"的体育生产要素和体育商品能够实现自由流动,从而提升长三角体育资源配置效率,实现规模经济效应,这将能够促进长三角区域体育产业高质量协同发展的良性循环。一旦形成良性循环,长三角体育产业高质协同发展的经验模式便能够在其他区域经济中推广,并发挥示范带动作用。

(二)新制度经济学理论

作为主流经济学的一个分支,新制度经济学的主要研究对象是产权和制度。该理论创立于 20 世纪 30 年代,创立者是诺贝尔经济学奖获得者科斯,在科斯、威廉姆森、德姆塞茨等众多研究者的共同努力下,新制度经济学形成了众多分支学科的理论体系,主要包括产权经济学(产权理论)、交易费用理论、制度变迁理论等。新制度经济学理论强调在经济活动中制度的重要意义,认为交易成本存在于任何经济活动中,如果交易成本不存在,那么资源的利用率将会很高,而之所以要强调制度,就是为了将交易费用降低,为市场运作与经济发展提供便利。20 世纪 80 年代末,新制度经济学进入中国,此后,在中国经济改革的分析与指导中,其成为一个非常重要的理论和方法。而且,新制度经济学有关理论能够较好地解释区域经济一体化及其与全球化的关系,因此有学者在构建与完善区域经济一体化理论体系中将新制度经济学理论纳入其中。

用新制度经济学理论来分析区域经济一体化,能够对区域经济一体化的本质及其形成动因有清晰的认识与准确的理解。新制度经济学理论认为,因市场内在缺陷而导致的制度变迁才是区域经济一体化的本质,这是一种强制性制度变迁,这种变迁中起主导作用的是国家行为或者政府行为。

具体而言,新制度经济学理论认为,市场中的失灵现象普遍存在,市场经济活动中存在"阻力",是不完全市场,主要表现如下:

第一,地区间市场分割及各种限制政策的存在造成了结构性市场失灵,从而增加了跨区域经济活动的成本。

第二,生产要素的职能随着社会生产力的发展越来越专业化,因此导致"专用性资产"逐渐形成,这使得生产要素跨行业移动的阻力增加,即跨行业的转换成本增加。

跨区域经济活动新的利润来源隐藏在上述两种阻力的背后,如果能够通过制度创新来应对阻力,便能够使市场交易成本降低,从而更加有效地协调市场分工,促进市场经济增长,这也解释了为什么会出现区域经济一体化组织,简单来说,市场结构性失灵所引起的任何可能的潜在利润是区域经济一体化组织出现的根本动因。显然,只依靠市场自身的力量或者从边际着手调整现有制度不可能实现对潜在利润的追求,只有通过制度创新安排,也就是区域经济一体化,才能追求潜在利润。

此外,新制度经济学理论的观点有利于指导我们更好地理解区域经济一体化中的很多现象,如经济一体化进程中的各种障碍与壁垒可以用新制度经济学理论中的交易成本理论去概括和解释;经济一体化进程中政府角色的双向或二元性可以用新制度经济学理论中的诺斯悖论进行解释。新制度经济学理论中还提到了共有信念是制度安排能否继续演进的决定因素,这对我们理解地方政府如何主导长三角体育产业一体化的形成与发展具有理论指导价值。

五、高质量发展理论

高质量发展,实质上就是质量和效益替代规模和增速而成为经济发展的首要问题,也就是经济发展从"有没有""有多少"转向"好不好""优不优"。

党的十九大提出"我国社会主要矛盾已经转化为人民日益增长的美好生活需要和不平衡不充分的发展之间的矛盾"这一重大政治论断,就在于指明解决当代中国发展问题的根本着力点。倘若社会主要矛盾依旧是"人民日益增长的物质文化需要同落后的社会生产之间的矛盾",质量和效益便不可能替代规模和增速而成为经济发展的首要问题。倘若没有由物质文化需要向美好生活需要、由落后的社会生产向不平衡不充分的发展的转变,经济发展也就不可能从"有没有""有多少"转向"好不好""优不优"。所以,高质量发展,就是能够更好满足人民日益增长的美好生活需要的发展。推动经济高质量发展,就要围绕满足人民美好生活需要而发力,破解发展不平衡不充分的矛盾和问题。高质量发展,实质上就是要坚持契合美好生活需要而非单纯物质文化需要的质量第一、效益优先,也就是要全面满足人民在经济、政治、文化、社会、生态等方面日益增长的需要。这不仅是一个经济发展问题,而且是一个事关党和国家事业发展的全局性问题。

高质量发展,就是更高质量、更有效率、更加公平、更可持续、更为安全的发展。推动经济高质量发展,就要围绕为实现更高质量、更有效率、更加公平、更可持续、更为安全的发展提供制度保障而全面深化改革。

高质量发展是一种经济规律,这个规律的作用在发达国家有着较长的历史,在理论上也有着深刻认识。其中,福特主义、调节主义、福利国家以及可持续发展等理论,与高质量发展及其转型探索关系密切。

(一)福特主义理论

安东尼奥·葛兰西把20世纪前期资本主义正在经历的新的生产结构的重大转型称为"福特主义",把与之相应的意识形态称为"美国主义"。第二次世界大战后,福特主义在全球迅速扩散,并与各国特定的历史条件与文化制度相结合,形成了各类福利资本主义国家,在政府、劳动、资本三者的关系上呈现出新的特点。在劳动与资本方面,福特主义在经济社会制度上体现为大批量、标准化的生产和消费,劳动力与资本紧密结合,呈现出劳动控制和管理的新方式,组织化、机械化的劳动力支撑了生产的规模化。在政府与资本方面,政府通过各项干预手段引导经济发展方向,同时积极扩大消费和需求,通过社会福利体制巩固福特主义需要的大批量消费结构。在政府与劳动方面,工人消费与社会劳动力再生产联系在一起,呈现出消费的社会化形式,在福特主义工业社会的基础上存在福利国家的社会机制,依靠政府支持实现福特主义需要的大批量消费。20世纪中期,凯恩斯主义在英国等国逐渐盛行,在政府管理、充分就业、增加消费等方面发挥促进作用。政府在与充分就业增长水平相一致的情况下,调节集体薪资协议,通过规模消费标准化和普遍化,实现有利于福特主义增长的集体消费形式。福特主义理论概括了第二次世界大战后发达国家的工业化模式,为分析中国工业化及其转型问题提供了借鉴。

(二)调节主义理论

20世纪70年代石油危机的冲击与"滞胀",凸显了福特主义和国家干预的弊端。这个时期产生的调节主义学派,从社会关系的决定作用角度,探讨资本主义生产模式的转型和发展,围绕工资—劳动关系及其影响这个本质联系展开,以期对制度理论进行重构。以米歇尔·阿格里塔为代表的第一代调节主义,试图从五类制度——就业系统、市场组织、金融系统、宏观经济政策以及国际体系——的相互联系角度,解释资本积累的内在矛盾及其改进方式,认为资本主义再生产条件的变化是需要着重分析之处,资本主义调节即"社会创造"。以波伊尔等为代表的第二代调节主义,虽然在形式上继承了第一代制度分析方法,但是重点转向了五类制度组合以及相应资本主义模式多样性分析,根据一些评论者的说法,第二代调节主义离开了马克思主义基础。但是,值得肯定的是,模式多样性理论是在新的历史条件变化下,为发展道路选择可能性的理论探索,这也为中国的转型治理和高质量发展提供了借鉴。

（三）福利国家理论

第二代调节主义关于资本主义模式多样性的探索,涉及经济社会和自然等诸多主题,与此相比,欧洲福利国家理论尽管探索了资本主义模式的多样性,但是其核心论题是社会权利,理论来源主要是波兰尼的"去商品化"思想、T.H.马歇尔社会权利思想以及罗尔斯的正义思想。埃斯平－安德森分析了福利制度的产生、发展以及与经济现代化之间的关系,将福利国家分为自由主义、保守主义和社会民主主义三类,从福利国家建设的视角阐述了发展模式的多样性。20 世纪 80 年代以来,随着全球化、知识化和老龄化的加剧,福利国家理论的主题集中于效率与公平的权衡与社会凝聚,其思想主要体现在 2000 年欧盟"里斯本战略"及其后的一系列文本之中。福利国家理论的独特之处在于,根据各类福利国家的具体文化和制度状况,通过富有现实意义的理论探索,提出有针对性的、前瞻性的政策建议。典型如积极的劳动市场政策、积极的社会投资政策以及社会保障改革建议等。福利国家理论为发展问题提供了丰富的、可借鉴的思想。

（四）可持续发展理论

20 世纪 70 年代以来,可持续发展的概念逐渐被广泛认同和应用。梅多斯等提出增长极限论,指出以往各国的经济增长往往带来资源枯竭、生态破坏、环境污染等严重问题,这将威胁人类的生存条件与经济的长期协调发展。人们逐渐认识到,把经济、社会、环境割裂开来的发展,是难以长期持续的。出于这种认识,1983 年联合国成立了世界环境与发展委员会,1987 年该委员会向联合国大会提交了以《我们共同的未来》为题的报告。该报告正式提出"可持续发展"的概念,将其内涵定义为"既满足当代人的需要,又不对后代人满足其需要的能力构成危害的发展"。1992 年,联合国环境与发展会议通过了《21 世纪议程》,促进可持续发展成为世界各国共同确认的纲领性文件。此后,可持续发展被广泛应用于经济学和社会学等范畴,不断纳入新的内涵,成为一个涉及经济、社会、文化、技术和自然环境的综合概念。

第三章　区域一体化背景下长三角体育产业发展现状与影响因素研究

体育产业是许多国家重要的经济支柱,尤其是发达国家,其产生的经济效益已经超过传统的重要工业、制造业。因此,对体育产业的研究是各个国家都非常重视的问题,本章将从我国体育产业总体发展现状及区域发展现状分析、我国体育产业可持续发展的思考、我国体育产业结构的演进及其影响因素分析三个方面展开阐述。

第一节　我国体育产业总体现状及区域发展现状分析

一、我国体育产业总体发展现状分析

（一）我国体育产业已初具规模

数据显示,目前我国体育消费的绝对值在逐年升高。比如,体育彩票经过过去二三十年的发展,其销售量已高达几千亿,成为体育产业中的支柱性产业。同样的,体育用品、体育消费品、休闲健身等都在快速发展中,随着我国发展体育强国理念的提出以及全民健身运动的不断推进,我国的体育产业越来越完善和繁荣,并且已经初步具备规模。

（二）体育制造业占明显优势

我国的体育产业以体育消费品的制造、销售最为突出,在中国这一制造业大国的背景下,体育产业中各类商品的生产和制造拥有天然优势,再加上中国人口红利的因素,自身就是一个潜力巨大的消费市场,这些因素都使体育制造业在整个体育产业中占有绝对优势地位,比重占到了75％左右。而体育表演、竞技比赛等方面的比重只有15％左右,这显示出严重的不平衡。当然,这也符合产业发展的基本规律,随着时间的推移,体育产业会逐渐向着更加完善、更加全面的方向发展。

（三）多种形式的体育产业协同发展

随着人们对体育产业认识的不断增强,各种形式的体育产业机构、组织、企业、体育制造业等开始如雨后春笋般出现,给体育产业的快速发展注入了活力。在体育地产经营方面,主要是指体育场馆用地已经转为经营性资产的部分。另外,体育特许使用权、赞助权、直播权、冠名权等方面也越来越市场化,这是中国体育产业市场化进程中非常重要的一步。

（四）体育产业的关联效应较弱

尽管体育产业具备一定的产业关联性,但是就当前我国的体育产业链的发展情况来看,它们的关联性较弱,产业链相对较短,带动效益并不明显,产业拉动作用不理想。一方面,我们应该集中优势资源,使其潜力得到充分的发展;另一方面,我们要找到制约发展的主要原因,并设法解决,促进产业链关联效应的发挥。

对此,还需要提升体育基础设施的发展速度,强化体育用品业、服务业、联动相关产业的发展,充分发挥政府作用,建立优化的政策环境,增强体育产业推动区域经济增长的机理。

（五）新型的体育消费市场开始出现

目前，随着城乡居民生活水平的不断提高以及人民群众健康意识的不断增强，进行体育健身的人不断增多，由此出现了一些能够满足健康消费的机构，如健身俱乐部、健身房、各种项目的养生馆等，构成了我国群众体育消费的主要市场。另外，针对特殊群体如儿童、老人、减肥人群、康复人群等，也发展出了具有针对性和服务性的健康管理项目，这就形成了一个较大的体育消费市场。

（六）我国体育逐渐走向职业化道路

体育职业化道路是我国乃至世界各国体育事业发展的必由之路，自从1994年中国足球率先踏上职业化道路之后，篮球、排球、乒乓球、围棋也纷纷跟进，加快了我国体育职业化发展的步伐。这在某种程度上对我国体育产业的发展，形成了一种重要的推动力。开启俱乐部形式，获得社会资金的大量投入，对体育产业和体育事业的发展具有积极意义。同时，体育企业的经营能力在实践中也获得了提升，基本形成了一个系统化的商业运作模式。

二、我国区域体育产业发展现状分析——以长三角为例

（一）长三角区域体育产业一体化发展态势良好

近年来，长三角体育产业在三省一市（沪、苏、浙、皖）的共同努力下呈现出良好的发展态势，取得了可观的发展成果，长三角体育产业的整体发展水平在全国排在前列，尤其是产业一体化发展的阶段性成果十分显著。下面从三个方面具体分析长三角区域体育产业一体化发展的良好态势与成果。

1. 产业基础坚实

长三角体育产业总规模在2020年达到10519.42亿元，实现增加

值 3522.98 亿元,占同期长三角 GDP 的 1.4%;长三角体育产业增加值
在 2016—2020 年这五年的平均增长率为 12.3%,与同期 GDP 的增速
相比明显较高。长三角地区体育产业总规模在 2021 年又有明显增长,
达到 12956.1 亿元,占全国比重的 41.56%,这一年体育产业增加值达到
4371.8 亿元,占全国比重的 35.7%,长三角地区体育产业增加值占 GDP
比重为 1.58%,体育产业增加值中体育服务业增加值占比 64.24%。总
之,长三角体育产业已经成为使长三角地区新旧动能转换得以实现的一
个重要引擎。

2. 产业协作初见成效

为推动长三角地区体育产业协作共赢,三省一市进行大胆创新,主
要创新领域包括立足顶层设计、建立体制机制、促进资源共享、加强要
素流动、加快平台建设等多个方面的内容,从而促进了三省一市体育行
政部门和上海体育学院"三省一市一院"的合作机制的形成。此外,近
年来随着关于长三角体育产业发展的一系列政策文件的签署与实施,
区域内各地体育产业的规划加强衔接,不断搭建区域性协作平台,使区
域体育产业协作发展初见成效,对此产生重要作用的政策文件主要包括
《长三角地区体育产业一体化发展三年行动计划(2018—2020 年)》《长
江三角洲区域汽车运动产业一体化发展战略合作框架协议》《长三角地
区体育一体化高质量发展的若干意见》《长三角地区体育产业一体化
发展规划(2021—2025 年)》《长三角地区体育产业协作协议(2021—
2025)》等。

3. 稳步推进项目合作

近些年,随着长三角体育产业的高速发展及其市场竞争力、全国影
响力的不断提升,长三角地区越来越重视推进项目合作,造就了一批品
牌项目,如中国长三角国际体育休闲博览会、长三角运动休闲体验季、
长三角体育产业高峰论坛等,这些品牌项目在全国产生了广泛的影响
力,也对长三角其他相关项目的开展具有一定的示范引领作用。

此外,长三角还联合举办了一些闻名全国甚至世界的品牌赛事,包
括 CBA 夏季联赛暨海峡两岸长三角职业篮球俱乐部挑战赛、环意 RIDE
LIKE A PRO 长三角公开赛、不止骑·环长三角自行车赛等,这些赛事
是长三角体育产业对外开放发展中具有很强辨识度和鲜明优势的项目,

赛事的品牌影响力在全国同类赛事中排在前列。长三角地区稳步推进体育重点合作项目,除了体育装备器材网上采购平台、体育资源交易平台等体育专属领域的合作项目之外,还有一些融合发展的合作项目,如长三角体医融合项目等,由此可见,长三角地区体育产业协作达到了一定的广度与深度。

(二)长三角区域体育产业发展面临困境

从上述分析来看,长三角地区体育产业的一体化发展已经取得了可观的阶段性成果,但处于起步阶段的一体化发展战略在实施过程中还面临一些困境,主要表现在以下几个方面:

第一,长三角区域体育产业协作尚未开拓更宽泛的领域,也缺乏稳定性,存在严重的碎片化现象,而且没有进一步明确体育产业一体化发展的战略目标和主要任务,导致战略实施没有方向,比较盲目。

第二,在长三角体育产业发展中相关利益协调机制尚未建立,已有协作制度不具备很强的约束性,需要进一步建立具有体系化、长效化、制度化的机制来保障长三角体育产业的一体化发展。

第三,长三角区域体育产业发展不够充分,而且各地存在差异,不平衡现象突出,也缺乏高质量的体育产业品牌项目,在体育产业一体化发展中缺少社会力量的支持与参与。

第二节　我国体育产业可持续发展的思考

一、我国体育产业发展的挑战与机遇

(一)产业发展环境需持续优化

近年来,我国一直致力于加强体育发展环境的建设,国家颁布了诸多相关的扶持政策,并且在不断地加大投入资金,除了对龙头项目和地区的绝对支持之外,对不同区域也给予同样的关心和支持。好钢不仅要用在刀刃上,如对我国的优势项目加强建设,还要对较为薄弱的产业环节争取给足助力,使其加快发展步伐。从体育产业的整体发展着眼,在每个环节都要认真落实。比如法治环境、文化环境、设施环境以及经济环境等,都在不断地完善中。并且,在这一过程中,社会大众对体育的关注程度和消费热情也在与日俱增。环境是产业发展的土壤,只要将环境打造良好,不愁产业未来的健康发展。

另外,我国提出的全民健身事业,与体育产业的发展形成重要的呼应,当全民都养成了运动健身的习惯,培养了浓厚的体育兴趣时,就意味着体育产业的市场已经具备了深厚的基础。

(二)产业管理制度缺失

产业的稳健发展,还需要有效的管理制度来约束。在我国体育产业的发展实践中,先后颁布了许多相关的政策条款,对当前的产业发展起到了良好的管理作用。但是,我们的体育产业毕竟还处于发展的初期,还有许多不足,在管理上还欠缺经验,遇到困难时得不到及时的解决。制度完善只是一个方面,还需要相关人员在意识层面和执行层面都能认真对待,严格落实。现有的政策执行效果并不理想,这在很大程度上制约了我国体育产业的顺利发展。而造成这种局面的根本原因,就是管理制度的缺失,或者管理的失当。因此,当前的重要任务是加强从业人员的观念教育和培养,使其全面地认识体育产业发展的重要性,尽快改变原有的错误观念,弥补管理的不足。

(三)体育产业人才匮乏

每个产业的发展都离不开人才,而我国的体育人才一直都处于十分稀缺的状态,在产业建设的各个环节,都急需有热情、有能力、懂经营、会管理,同时对体育产业有着深入研究和实践经验的优秀人才。

尽管我国近些年在竞技体育方面表现亮眼,有些项目已经稳居世界前列,然而在体育产业发展方面,还存在着诸多的不足,其中,欠缺产业发展所需的人才是重点之一。自2008年北京奥运会以来,我国体育事业迎来了发展的黄金期,无论是早期的奥运会筹备阶段,还是奥运会期间我国运动健儿取得的优异成绩,都大幅提升了国人对体育的信心。自从奥运会申办成功,我国政府从政策上、资金上都给出了大力的支持,这对我国体育产业的发展是一个重要的机遇;体育健儿为在祖国的土地上参加奥运会而感到无比荣耀,因此训练更加刻苦。总之,北京奥运会形成一股强大的力量,举国上下集中资源,为北京奥运会的成功举办做好了准备。

之后,我国为了打造体育大国的目标,政府和民间齐心协力,从各个层面积极推进体育的教育和改革。尽管近些年来也取得了一些成效,在某些领域还获得了骄人的成绩,然而,若是从全局着眼的话,仍然有很多问题,而且主要是因为人才稀缺带来的发展滞后。

体育产业发展不仅需要体育运动人才,更需要培养一批体育市场的经营管理人才。我国各大体育院校在管理人才的培养方面,还有很多欠缺,首先是教学经验不足,其次是客观环境导致的缺乏实践的机会。因此,现阶段培养出的体育管理人才,对于知识的理解仍停留在书本理论的层面,在真实的工作中表现如何,还是未知。但是,体育人才的匮乏,直接导致市场运作不充分,体育产业发展不顺畅。

(四)各地经济发展不均

体育产业是众多产业中的一个,其发展离不开整个市场环境的完善和健全,离不开大量资金的支持。然而,我国各地区的经济水平悬殊,市场环境也不尽相同,大体上呈现出东南沿海地区市场发达,而中西部较为落后的特点。体育产业的发展因为各种因素的影响,在各地的发展状况有所不同,导致我国体育产业发展不均衡,并且会继续延续强者愈强、弱者愈弱的局面。总之,体育产业的发展会受到整体经济发展的制约,需要加快整个国家的经济发展步伐,体育产业才能够更加全面、更加均衡地发展。

另外,体育产业发展过程中的定位也十分重要。科学、准确的市场定位,才会带来稳健的发展。中国人口基数大,消费市场巨大,但是体育产业的布局存在一些问题,如定位过于高端,难以形成市场规模,而平价亲民的大众体育服务项目又相当欠缺,不能满足人们日常生活所需的体育运动需要。这些都是制约我国体育产业发展的重要因素。

二、我国体育产业发展面临的主要问题

(一)体育产业法规亟须健全

发展体育产业,尤其是在初期阶段,最重要的是建设健全的法规制度。目前,尽管我国已经出台了一些体育产业法规,但是整体上还是对综合管理的一些指导,而对各个运动项目等更加深入的部分,还有很多工作要做。由于当前的产业法规并不细致,可以说还存在着一些漏洞,这就为一些不良组织创造了条件,长远来看,其对我国体育产业的未来发展留有隐患。因此,在综合性规定的基础上,应进一步制定有关实施细则,如体育产业经营的申办条件、经营条件,从业人员的资格认证等,是亟须处理的问题。

(二)体育产业管理人才稀缺

人才是每个产业发展的核心资源,我国的体育产业发展也不例外,早期,通过国家的调控力量,集结了一批优秀的骨干人员,为体育产业的发展做出了宝贵的贡献。然而,随着产业升级和产业优化的需要,我国的体育产业还需要大量更加专业、具备较高综合素质的人才加入。在市场经济的背景下,产业竞争非常激烈,行业的竞争归根结底还是人才的竞争,因此,国家和社会需要加强人才的培养的储备。而就现阶段而言,现有的体育管理人员,基本上都是从退役运动员、教练员中选拔的,由于人才缺口较大,在录用的过程中也放低了标准,导致从业人员的素质参差不齐,尤其是我国早期运动员的文化素质普遍低下,在发展体育技能时荒废了文化课。因此,尽管他们对体育运动有热情,且具有一定的专业素质,但是综合能力却很难有大的提升。这在一定程度上制约了我国体育产业的发展,导致体育产业经营管理质量不高,体育消费发展方面受到影响,整体而言,这些都是制约我国体育产业正常发展的主要因素。

（三）体育产业创新意识不足

体育产业的发展，主要是市场行为。与政府主导不同的是，在市场环境下，企业的发展面临极高的挑战，需要企业全力以赴才能在激烈的市场竞争中获得生存。在初期，我国的体育消费认知还停留在比较初级的水平，而现代的体育产业发展早已经呈现出全新的景象。需要具备过人的创意和超前的意识，才能领先一步，获得更多的主导权，从而获得商业优势。截至目前，我国的体育产业在创新意识和开拓能力方面，明显还有较大差距，主要还是模仿和借鉴西方国家的模式。要想改变这一现状，需要从教育、人才和管理机制等几个方面同时着手，增强企业的创新意识，注重人才培养，引进现代的管理理念，从而使体育产业迎来全新的发展。

（四）我国体育产业面临着严峻的挑战

加入 WTO 之后，我国的许多产业可以说是从起步阶段就投身于国际竞争市场。目前，国产体育用品在标准、技术、质量、成本以及规模效益、管理理念等方面，仍然与国外存在较大的差距，可见发展一个产业，需要资源、人才以及时间的积累。在腥风血雨的国际市场上，我国的体育用品出口多数处于一些价格低廉、档次较低的初级水平上。

三、我国体育产业总体发展趋势

（一）我国的体育产业潜力巨大

随着经济全球化的不断推进以及我国经济一体化进程的逐渐增强，体育产业发展势头强劲，而且似乎先天地带有国际化发展的潜力。建设体育文化、发展体育产业以及举办体育赛事，可以很好地推动社会经济的发展，这早已经在国际社会达成共识，因此越来越多的国家都非常重视对体育事业的投入和发展。

西方体育发达国家已经为我们做出很好的示范，当前的国际体育产业发展非常迅速，这对于我国体育产业而言，一方面感到较大的压力，另一方面也为我们创造了后发优势的机会。因此,只要能够做到认清形势,充分发挥自身的优势,大胆借鉴国外体育产业发展的成功经验,用不了多久,我国的体育产业一定会取得飞跃式的成长。

（二）我国体育产业国际化程度明显

众所周知,体育产业的发展与各个行业互相交叉、融合,而且这种联结已经打破国界,在不同国家之间有着千丝万缕的联系。这就决定了体育产业的发展并不局限于一国或者一个区域的发展,在长期纽带的连接下,形成了庞大的网络系统,逐渐国际化、全球化。随着国际经济一体化进程的推进,体育产业全球化、国际化将得到进一步强化。以体育消费品为例,我国的著名体育品牌李宁在近些年来获得了突破性的发展,在国际市场上具有较强的覆盖率和辨识度。由于耐克、阿迪达斯在发展到一定程度后,遇到明显的瓶颈,这些市场巨鳄表现出了一定的疲态。而李宁顺势出击,不断推出更加新颖、具有高科技含量的体育服装和装备,来自东方的审美在西方市场上再次获得瞩目。这为中国民族体育企业的发展做出了良好的示范作用。

（三）我国体育产业进入法治化进程

我国体育产业正处于发展的初期,在逐步走向成熟的过程中,必然会出现一些问题和矛盾,然而要想彻底、快速地解决这些问题和矛盾,唯有通过立法的方式才可见效。在发展之初就建立法治意识,能促进我国体育产业更加稳健、健康地获得发展。

加强体育产业立法是体育产业化、体育产业和体育市场健康发展的必然要求,也是推动我国体育产业国际化发展的先决条件。当今的国际社会,尤其是西方发达国家,体育产业化程度较高,这与他们的体育产业立法完善不无关系。因此,应加快我国体育产业法治化的进程,以促进我国体育产业与国际顺利接轨。

（四）我国体育产业市场体系不断加强

随着体育产业市场体系的不断成熟,管理制度的不断完善以及规范化程度的不断提高,我国的体育产业也迎来了快速发展期,且已经昭示出未来发展的良好前景。作为一个人口众多、文化积淀深厚的大国,体育文化和体育商业活动在我国具有巨大的发展空间。在这样一个重要的历史发展阶段,企业间应该加强诚信营商的意识,只有合法合规的商业活动才能获得长期、稳定的发展。以往遗留下来的不良习惯和行为,将成为制约发展的隐患,因此应尽早纠正,使体育商业活动健康地发展。近年来,我国足球联赛和其他职业联赛很多裁判的判罚行为引起观众的争议,这不仅影响了我国的体育形象,更直接影响了体育产业的健康发展。由此可见,营造良好的体育市场环境和信用体系,对体育产业的发展具有举足轻重的意义。

四、我国体育产业可持续发展的策略

随着我国国力的不断强盛,市场经济发展的全面突破,体育产业在近些年来也取得了一定的成绩,这为日后的进一步发展奠定了良好的基础。随着我国市场的不断放开,国际上的领先企业陆续进入中国开拓市场,这为我国带来了市场的繁荣,同时意味着我们面临国际上最顶尖、最强大的对手,这对我国的体育发展提出了巨大的挑战,也具有强烈的激励作用。

（一）人才建设放首位

人才是事业发展建设的执行者,无论哪个行业,人才的培养都是发展事业的首要任务。我国体育产业的发展还处于初期,经过近些年的建设,已经初具规模,但是若要再上一个台阶,进入发展的中期,扩大产业规模与实力,则需要大量优质人才的加入。因此,加强人才队伍建设需要从以下两点着手:

1.人员引进

体育产业在我国还属于新兴产业,因此市场上几乎还没有成熟的人才,但是发展刻不容缓,不能被动地等待,只能从相近产业中引进优秀的经营管理人才。在这一过程中,要打开思路、大胆引用,因为目前体育产业的发展,需要有魄力、敢想敢干的综合型人才,如果仅仅局限于专业学历等条条框框,反而容易错失合适的人才,影响发展进程。

2. 人员培育

在广泛引用各界人才的同时,应加强、加快内部培养的工作。除了在体育院校设立系统的管理专业之外,还要针对现有的体育从业人员进行在职深造与培训。内部培养的好处在于,这些从业人员自身已经具备了一定的行业基础,无论是对行业的认识,还是个人的实践能力,都有一定的积累。在现有的基础上展开培训,相对更有针对性,人才选拔的效率也会更高。组织在职人员的培养,既要具有系统性,也要加强专业性,开展因材施教、因势利导的人才培养模式是首要选择。除了组织培训活动之外,还要多创造实践的机会,始终以培养人才的全面发展为目标。

（二）激发消费活力

产业的发展与大众的消费活力直接相关,以我国的人口结构和经济发展水平来看,目前的体育消费活力还没有被全面激活,市场基本上还处于半活跃的状态,大众的消费能力尚有较大的提高空间。那么,如何激发消费活力成为需要思考的问题,以下是几种比较明显的突破路径:

（1）加强文化引导,营造体育氛围。借助融媒体的视听优势,积极展现体育运动的多重魅力,培养大众的体育消费观念和消费欲望。

（2）作为产业的经营者,应多去体育发达国家学习经验,开拓思路,并根据中国的国情,设计符合中国市场的产品和运营形式,丰富我国的体育产业内容。除了引进和开发体育赛事之外,还可以发展体育旅游、健身休闲、运动康复、体育与心理建设等业务。

（3）合理运用大数据技术,精准预测消费者的实际需求,并快速做出反应。

（4）提升优化服务的质量和内容,让我国的体育服务水平再上一个台阶,早日与国际接轨。

（5）打造自己的民族品牌,将中华文化与现代体育有机结合,并积极进行海外传播,让中国的体育品牌走向世界,为文化交流与传播贡献一份力量。

（6）加强法治建设,确保体育产业健康有序地发展。

（三）完善基础设施

体育产业对基础设施的依赖性较高,因此,加强和完善基础设施建设也是发展体育产业的必要条件。建设内容涉及以下四个方面:

（1）依托城市特色建设相应的体育场馆,提升城市的体育涵容量,培养大众养成体育运动的习惯。

（2）建设更多的公园、广场等大众可以发展休闲运动的基础设施,通过提升周边环境,促进大众发展体育运动的积极性。

（3）对中小学体育设施进行补充完善,并在节假日对公众开放。在开放日,校方要组织人员维护秩序。

（4）依托自然资源建造健身区,让民众在休闲之余强健体魄。

（四）提高市场竞争力

提升市场竞争力是发展的最终目的,而要达成这一目标,必须具备多项要素,如体育人才储备、人群消费活力、完善的管理体系以及稳定的市场规模等,当以上几项要求都达到一定的标准之后,市场竞争力则水到渠成,一定会具有不俗的表现。只有体育市场拥有了较强的竞争力,才能完成可持续发展的目标。提升市场竞争力须从以下几个方面入手:

1.打造体育金牌企业

市场要形成规模,需要有几家发展势头强劲的企业开展角逐,并在竞争中共同发展。因此,国家可以给予一定的政策扶持,让一些企业先做强、做大,并提升其综合实力。

2.扶持中小微企业

在鼓励发展"巨无霸"企业的同时,要为小微企业开辟生存空间,这样才能保证生态的健康发展。因此,政府对于小微企业要给予特别的关照,发挥他们的灵活性与多样性的特点,与大企业共同打造我国的体育市场,形成一定的规模。

3. 推进产业融合发展

文化、旅行与体育具有较强的融合性,因此,可以寻求和开发多种发展模式,打造新业态,提升市场活力。比如,围绕一些重大体育赛事可以策划相应的旅行、沙龙或者夏令营、冬令营等活动,与相邻产业形成合力发展的态势。

第三节　我国体育产业结构的演进及其影响因素分析

研究体育产业结构,需要对其演进过程逐步进行推演,才能全面地理解和把握产业结构。本节将对体育产业结构关联效应以及我国体育产业结构的演进与影响因素进行阐述与分析。

一、体育产业结构关联效应

近年来,体育产业结构受到许多国家的重视并成为一个影响社会发展和经济发展的问题。产业化发展也是每个国家都会面临的问题,就我国体育事业发展情况来看,经过几十年的摸索和努力,已经初具规模,逐渐走上了社会化、产业化的进程。

在我国所有的体育产业中,体育用品产业发展最为突出。随着国家改革开放的提出,中国逐渐成为世界领先的制造业大国,可以说已经成为一个具有完整产业链的制造帝国,体育相关用品自然也在其中。最初,世界领先的体育品牌纷纷来中国投资建厂,同时把先进的生产流程和生产管理带进了中国,促进了中国自有体育用品的发展。除此之外,我国的体育竞赛、体育服务、体育教育培训等多个产业部门也相继取得了突出的发展。尤其醒目的是,中国体育场馆的建设非常突出,不只是一、二线城市,即使是三、四线城市,都开始大兴土木,兴建了大大小小的体育场馆,这为我们体育事业的发展奠定了物质基础。另外,我国在体育博彩业、体育竞赛表演业、体育健身活动、体育旅游、体育经纪等方面都有着不同程度的发展。并且,不同产业间形成了一定的关联,相互促进,也相互制约,在市场的推动下逐渐形成较为稳定的体育产业结构。我国体育产业结构关联的具体情况,将从以下几个方面展开研究:

（一）体育产业结构关联水平

体育产业各部门间相互依赖所形成的结构关联,其基础是产业部门间的产品联系(体育物质产品或体育服务),即通过互相利用对方产品来实现的。从我国现实体育产业部门间的产品联系来看,相互利用产品还较少,联系也相当松散,一些部门几乎封闭发展。例如,国内各项俱乐部联赛虽然为大众提供了大量的可供观赏的体育服务性产品,但是生产成本较高,中间消耗大,经济效益较差。因为这些观赏性体育服务产品的生产过程比较单一,仅仅有体育信息业、体育广告业等几个部门加入其中,没有形成诸如体育经纪业、体育商业服务业、体育金融保险业、体育旅游业等部门共同参与的规模效益。其主要原因在于管理体制和传统的制约以及体育产业自身发展的不完善,降低了体育产业各部门间的关联水平。

目前,我国体育产业部门之间不仅互相依赖水平低,而且联系形式比较单一,基本属于单向联系,即 A 部门产品的生产需要消耗(或使用) B 部门产品,而 B 部门生产则不消耗(或使用) A 部门产品。例如,体育健身娱乐业的发展适当使用体育培训业培养的体育指导人员,而体育培训业并不使用体育健身娱乐业的场地、设备等。如果部门间产品互换率低,它们之间的联系也就松散。相反,体育产业各部门如果加强了联系,各部门就能够更多地利用其他部门的产品以及技术、人员、体育设施等,这样在体育产业内部有些资源就能够重复使用,从而提高体育资源的使用效率。在西方体育产业发达的国家,体育产业内部各部门间的联系比较紧密,人、财、物等资源消耗相对较低,一部门的产品生产会有大多数甚至全部产业部门的参与和联系,生产的产品也被其他许多部门所利用。如美国 NBA 篮球联赛、意大利足球甲 A 联赛等,都将体育竞赛表演业与体育健身娱乐业、体育培训业、体育广告业、体育金融保险业和体育用品制造业等部门的发展融为一体,形成了良好的规模效益。

（二）体育产业结构关联程度

体育产业结构关联不仅表现为以一定产品联系为基础的结构关联水平，还表现为相应的结构关联程度，即各产业部门间产品相互利用量的大小。若两部门之间的联系较少、松散，它们相互提供产品的量也较少，反之亦然。所以，体育产业部门之间相互提供产品使用量的多少，在一定程度上反映了体育产业部门之间的结构关联程度。体育产业部门之间结构关联程度以相互提供产品的量来度量，但必须以体育产业各部门之间中间消耗不变为前提来研究体育产业结构关联程度。因为产品相互使用量的变动，不仅取决于部门之间的关联程度，还取决于部门之间的结构关联水平。产业结构关联水平低，也会使中间产品使用量增加，但对体育产业增长具有负效应。

从近几年我国体育产业发展的情况来看，产业部门之间的关联程度仍然较低。例如，体育竞赛表演业以体育培训业为基础，但这两个部门之间的中间产品的相互利用量却较少。体育培训业为体育竞赛表演业提供大量的基础产品（后备人才），包括运动员和教练员，但真正能被选择成为提供观赏性体育服务产品的运动员却较少。

二、我国体育产业结构的演进

产业结构理论的一个基本内容，是对产业结构的历史、现状及未来的研究，并寻找和总结出产业结构发展变化的一般规律。在众多的理论中，比较重要的有配第－克拉克定理、库兹涅茨法则和霍夫曼定理。这几个理论的研究侧重点不同，但是都对产业结构的演变具有重要贡献。

（一）演进规律

1. 配第－克拉克定理

配第－克拉克定理是由英国经济学家克拉克，在英国古典经济学家威廉·配第的研究基础上提出的，该理论对经济发展中就业人口在三次产业中的分布结构的变化进行了深入的研究。通过研究和对比若干国

家在第一、第二、第三产业发展过程中劳动力的转移情况,以及对这些数据的统计与分析,得出以下结论:

(1)国家和社会的进步,体现在经济发展上最直观的表现,就是人均国民收入水平的提高,劳动力表现为从第一产业向第二产业转移。

(2)随着经济的不断发展,当人均国民收入进一步提高时,劳动力将向着第三产业逐渐转移。

(3)劳动力随着经济发展而产生规律性的迁移,呈现出类似梯形的分布情况,即第一产业劳动力人口逐渐减少,同时第二、三产业劳动力人口逐渐增加。

克拉克认为,劳动力的转移,主要是因为不同产业间的收入差距导致。人们总是向着收入更高的方向迁移,在第一产业、第二产业以及第三产业的演变和升级过程中,其经济附加值具有明显的差异,这是劳动力转移的最根本动力。当第二产业的收入明显高于第一产业,或者第三产业的收入明显高于第二产业时,人们会大量地向高收入产业移动。这一规律适用于所有的国家,纵观全球,越是人均国民收入水平较高的国家,其农业劳动力在全部劳动力中所占的比重就越小,但是其第二、第三产业的劳动力的比重却越大。而那些人均国民收入水平越低的国家,其第一产业中的劳动力占比就越高,相对地,第二、第三产业劳动力人口却相对越少。

2. 库兹涅茨法则

美国经济学家库兹涅茨在继承克拉克研究成果的基础上,从产业结构演变规律角度进行了研究,该理论阐述了劳动力和国民收入在产业间分布结构演变的一般趋势,并对产业结构演变的诱因进行了深入分析。其通过对20多个国家的数据跟踪、分析和研究,得出以下结论:

第一产业(农业部门)所得的国民收入在整个国民收入中的占比会随着时间的推移逐渐呈现下降的趋势,同时,农业劳动者在全部劳动力中的占比也在逐渐降低。

第二产业(工业部门)的劳动者收入的相对比重,大体上呈现上升趋势,但是第二产业的劳动力所占比重大体不变或略有上升。

第三产业(服务部门)的劳动者相对比重几乎在所有国家都呈上升趋势。

总之,无论中西方,无论什么体制的国家,其经济发展都不会跳脱库兹涅茨法则,即一个国家在经济建设中,其产业结构总是由第一产业占优势,逐渐向第二产业占优势,再向第三产业占优势的方向发展,这是经过实践验证的客观发展规律。

（二）产业内部结构变动规律

产业结构的变动存在着一般规律。首先,分析产业结构要从分析经济发展进程中的三大产业着手,通过研究这三大产业之间的消长关系,很好地判断产业结构的发展趋势和走向。但需要指出的是,它并不是产业结构变动的全部内容。产业结构变动还有一个重要的方面,即各产业内部的结构也无时无刻不在发生着变化。

1. 第一产业内部结构的变化规律

第一产业一般是指农业、林业、渔业等直接从自然界获得主要资源的部门。我们可以通过研究农业内部的结构变化,来一窥第一产业内部结构变化的规律。在社会发展的过程中,其产业结构也在不断变动中,尤其当社会处于快速发展时期,其产业结构的升级和变化也越发明显。下面是农业结构变化的主要方面:

（1）谷物生产在农业产值中的比重非常稳定,基本呈现出大体不变、略有上扬的趋势,尤其在发展中国家,对谷物的需求更是如此。这主要是因为,随着各国工业化和城市化的发展,对谷物的需求量在稳定上升。

（2）经济作物在农业产值中的比重有下降趋势。

（3）牧业在农业产值中所占比重上升,这是因为人们对农产品的需求日趋多样化。

2. 第二产业内部结构的变化规律

第二产业主要是指制造业。对第二产业内部结构变化规律研究做出重要贡献的是德国经济学家霍夫曼,他的研究对该领域具有开拓性的意义,并且在世界范围内都产生了重大影响。霍夫曼对 20 个国家的数据进行了一系列的分析和研究,分析了第二产业中消费资料工业和资本资料工业的比例关系。由于这一发现对研究第二产业的内部结构的演变规律具有重要意义,因此将其命名为霍夫曼比例。霍夫曼比例关系,恰好反映了消费资料工业的净产值和资本资料工业的净产值之比。其公式如下：

霍夫曼比例＝消费资料工业的净产值／资本资料工业的净产值

在工业化进程中，霍夫曼比例具有重要的指标价值，如果霍夫曼比例不断下降，则揭示着工业内部结构趋于"重工业化"。除了这一趋势之外，工业内部结构还有高加工化、高技术化的变动趋势。

3. 第三产业内部结构的变化规律

第三产业主要是指服务业。第三产业是在第一和第二产业之后发展起来的新兴产业形态。因此，在某种程度上，第三产业的成熟与否、发展优劣等都能反映出一个国家的经济程度高低。比较普遍的规律是，无论是发达国家还是发展中国家，其第三产业会随着其产业结构的变动而逐渐上升。只是，在发展中国家，其第三产业结构变化的规律为：首先是酒店和餐饮业、运输业、仓储等传统服务项目的比重逐渐下降，其次是金融、不动产和工商等新兴项目的比重逐渐上升；而发达国家第三产业结构变动的一个重要趋势是社团和个人服务业的比重明显提高。总之，随着收入水平的提高，人们追求生活质量的动机也日益提高，因而，以娱乐休闲、强身健体为主要内容的体育服务业将是第三产业发展中的一个新亮点。

体育产业结构的演进是一个庞大而复杂的动态过程，是一个国家或地区体育产业结构在技术进步和制度创新等因素的作用下，由低级向高级不断转化、内部各组成要素协调性和适应性不断增强的动态过程。

三、我国体育产业结构的影响因素

决定和影响一个国家或者一个地区的产业结构的因素有许多，而且在不同时代、不同地区也不尽相同，且情况极为复杂。一般地，在分析过程中会将这些影响因素分为以下几个方面：

（一）需求结构的影响

生产和消费是一种相互依存、相互影响的对应关系。一方面，生产为消费提供消费资料，没有生产，也就没有可供消费的对象；另一方面，消费不但使生产得以最终完成,它还通过不断变化的、新的、更高层次的需求引导着生产的发展,所以没有消费,也就没有生产。消费对生产的影响作用,同时反映着需求结构对产业结构的影响作用。因为在本质上,社会上所有消费者的消费选择的集合,构成了社会需求。消费者整体需求的规模和结构,决定了市场经济条件下资源配置的方向和格局,进而决定了产业结构和国民经济的组成。

（二）供给结构的影响

供给结构是指一个国家的各种资源状况以及资源之间的相对价格结构。这里的资源包括劳动力、资本、自然资源、技术等。

1. 劳动力供给

劳动力包含劳动力的数量和质量,决定了产业发展的基本条件。当高质量的劳动力供给充沛,那么该国家或地区的新兴产业发展就会越来越快、越来越好,并且能够从整体上促进产业结构的升级;当劳动力市场上以低质量的劳动力为主时,那么该国家或地区就会停滞于传统产业,在提升产业结构的发展中显得困难重重。

2. 资本供给

随着科技的发展,生产力越来越向着高精专的方向发展,这意味着需要大量的资本投入,因此资本的数量和质量也是影响产业结构发展的重要因素。尤其是大量的新兴产业,每一步的发展都需要巨额的资本开路。

3. 自然资源供给

自然资源是一个国家或者地区最基础的资源。自然资源的情况将直接关系社会生产所需的原料、燃料等基础供应,因此是影响产业结构形成和发展的基本条件。

4. 技术供给

技术是产业结构升级的重要动因,技术进步是推动社会进步的最核心的力量之一。比如蒸汽机的发明揭开了第一次工业革命的序幕,内燃机的发明引领了第二次工业革命,原子能、计算机技术的发明和应用则带来了第三次工业革命,当前的智能化时代被认为是第四次工业革命的标志。总之,技术供给是社会变革最强大的推动力。

（三）国际贸易结构的影响

国际贸易是影响产业结构的重要外部因素。随着贸易发展进程的推进,其本质就是各国把国内外的市场打通,努力发展贸易和经济往来。我国的产业在这一过程中,也会为适应国际市场的需求而进行调整,从而使国内的产业结构在多种作用的共同影响下,加快产业结构的演进。国外供给结构的影响机制,主要是通过国际比较利益机制来实现的。每个国家和地区的贸易要素存在差异,为了能获得更好的交易条件,降低交易成本,获取更好的交易利益,就需要在各个不同地区和国家间进行比较,从而使利益最大化。

如果能够使用本国相对充裕、价格相对便宜的要素来生产商品,那么就可以有效地控制成本,进而在国际贸易中具有一定的优势,并将在整体上大幅提高贸易收益。体现在国家的产业结构上,则有助于围绕该国的优势要素形成独特的产业类型。

来自国外市场的需求结构的影响,其主要机制如下:通过找准本国的优势商品,加大出口力度,并不断完善相关产业的发展,有利于壮大国内的相应产业。同样,本国某些产业的发展滞后以及生产力不足等情况,也可以通过进口国外的商品而快速地得到弥补。从宏观的角度来看,也可以从整体上补足产业结构发展不充分带来的现实问题。另外,从微观的角度来看,广泛地进口国外产品,还可以促进打开国人的思路,进而为发展本国的相关产业提供有效的借鉴,比如促进发展本国的同类产业和产品研发。但是,凡事都有两面性,如果本国的产业基础或者生产力过于薄弱,同时国外的水平又十分先进,这种差距也可能会压抑本国产业的健康发展。因此,国际贸易结构对本国产业结构的影响是多方面、多层次的,应尽量发挥它的积极作用,规避其消极影响。

最后,除了以上提到的因素之外,一个国家的历史文化传统、政治经济体制、自然条件等因素也是影响产业结构的重要因素。总之,决定和影响产业结构的因素十分复杂,并不是单一因素主导的,是在多种因素的综合角力之下,形成某种动态的作用力,进而影响和决定着产业结构的现状及其未来发展变化的方向。

四、体育产业结构演进的组织机制、趋势及影响因素

（一）体育产业结构演进的组织机制

研究产业结构的演进，实际上是基于系统科学中组织概念的运用。在系统论中，组织是指事物以一种有序的方式存在的某种形态。每种事物的内部，具有各自的结构特征和功能特征，这些结构和功能关系具有某种交互方式，使组织得以稳定地存在，这也是系统的存在方式。一个系统的演化，其动力来自内部和外部两个方面。系统内部的动力是指组织内各部分之间的合作、竞争、矛盾等依存关系发展改变，导致系统规模改变，进而引起功能及其他特性的改变；而来自外部环境的动力则包含环境的变化、环境与系统相互联系方式的变化等，这些外部刺激会对系统产生一定的冲击，并在不同程度上导致系统内部也随之发生变化，最终导致系统整体特性和功能的改变。

体育产业结构的演进，也遵循着这一规律。体育产业同时受到外部环境和内部机制的影响，在外部与内部都发生变化时，获得新的特性和行为，并逐渐适应新的环境，从而形成新的稳定形态。体育产业结构无论处于哪个发展阶段，外部环境如何，只要发生演进，都不会偏离这一规律，这是组织科学所决定的。这里将主要对自组织和他组织理论展开分析，从而更加清晰地剖析体育产业结构的演进过程。

体育产业结构的涨落机制如图3-1所示。

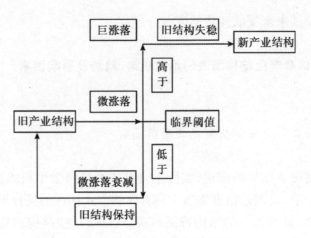

图 3-1　体育产业结构演进的涨落机制

就我国的情况来看,政府的宏观调控在体育产业结构演进过程中发挥着主导作用,国家通过运用经济杠杆和产业政策等手段,在宏观上对体育产业的发展反向进行引导,对不良的发展趋势进行及时的干预,对于各类资源可以进行区域间、产业间或者是企业间的有效配置,这在我国体育产业发展初期发挥着至关重要的作用。

(1)政府通过产业政策手段,有效地协调市场供求关系,创造健康的市场环境,保障产业演进的顺利进行。

(2)政府通过发挥其公共建设及公共组织的能力,在公共设施建设、产业发展环境以及社会舆论引导方面做出积极的准备工作,对促进体育产业结构的优化升级具有积极意义。

(二)体育产业结构演进的趋势

随着经济发展和人们收入水平的提高,体育产业在国民经济和第三产业中的地位和作用会日益突出。其演化趋势具有一定的普遍规律,具体体现在以下几个方面:

1. 软化

产业的软化率是指服务产品与有形产品的比例。早期,我国的体育产业是以提供有形的产品为主,无论是从业者还是消费者对体育服务的认识都还比较粗浅,因此,体育服务业所占比例较小,也就是产业的软化率很低。但是,随着经济的发展以及人们受教育水平的不断提高,人们对生活质量的追求也在逐步提升,这为体育服务业的发展创造了条件。

2. 合理化

体育产业结构的合理化将是体育产业结构演进的一个重要趋势。所谓的合理化,主要是指体育产业内部各个构成之间,在拥有资源的层面能够达到相对的合理配置,产生最优配比,并能协调发展,从整体上取得良好的结构效益,从而令产业结构优化成为可能。当然,这一切的实现,还需要政府和市场的功能都得到充分发挥,并以整体资源不变为前提。

3. 高效化

体育产业结构的高效化,是指各产业和产业结构整体都能产生较高的经济效益,这也是产业升级的重要目标之一。只有当产业结构达到良好的形态,才能带来高效的经济成果。当资源被合理、充分地利用起来,当体育产业内部形成良好的协同效应,在很大限度上实现了成本最小、利润最大的结果,就是高效化的实现。

(三)体育产业结构演进的影响因素

1. 需求结构因素

社会对体育用品和体育服务的需求就是体育需求,体育产业对其他产业产出的需求并不属于体育需求的范畴。在需求结构的引导下,体育产业中的各个生产部门进行最大限度的产出,促进社会体育消费需求的充分满足,从而使体育产业各部门的合理分布逐步实现,即形成合理完善的体育产业结构,这是最为理想的状态。总之,生产部门的生产活动受需求结构的引导,产业结构必然会随着需求结构的变动而变动。

2. 供给结构因素

体育供给结构指的是社会对体育产业需求的满足程度。体育产业结构的演进与发展是以供给结构为基础与前提的,供给结构因素在很大程度上影响着体育产业结构的变化。发展体育产业离不开自然、物质、技术及人力等资源条件,这些资源都需要由社会提供,体育产业的供给结构由此形成。

3. 阶层结构因素

社会的收入分配格局基本上可以在社会阶层结构和城乡结构得到体现,社会阶层结构和城乡结构会影响社会需求结构,因而也会对体育产业结构的变动造成影响。

一般来说,城市中社会阶层相对较高的人群比较重视体育消费,因此体育消费人群就主要集中在城市中较高的社会阶层中。社会阶层结构和城乡结构发生变化,必然会对收入分配状况造成影响,社会需求结构也会产生相应的变动,体育产业结构也会因此受到影响而产生变动。

第四章 区域一体化背景下
长三角体育产业结构优化的研究

在区域一体化的大背景下,我国一直在努力将体育产业结构进行优化与升级。本章将从以下几个方面展开研究:我国体育产业结构的现状分析、区域体育产业的基本结构形态、体育产业政策对产业结构优化升级的影响、区域一体化背景下我国体育产业结构优化升级的策略、长三角体育产业的结构状况与优化路径以及发达国家体育产业结构的演进及其对我国的启示。

第一节 我国体育产业结构的现状分析

一、我国体育产业结构现状

目前,我国体育产业结构的现状主要表现在以下几个方面:

(一)体育本体产业发展缓慢

体育服务业在整个体育产业体系中居于核心地位,是体育产业的核心产业,而体育用品业则是体育产业的外围行业。一般情况下,一个产业核心行业的发展水平在很大限度上对其外围行业的发展水平有决定性影响,但目前我国体育产业核心行业的发展却严重滞后于外围行业的发展,这是今后要着重解决的问题。

简单来说,目前我国大部分体育产业都存在着核心行业滞后的问题,近几年虽然我国的体育服务业呈逐年上升趋势,但与体育用品业等外围产业相比,其上升的幅度还较小,与发达国家相比存在着较大的差距。这种情况,一方面反映出我国成为全球性的体育用品生产加工基地,体育产业的发展处于整个产业链的下端;另一方面也反映出我国体育产业的整体发展水平还比较低,发展潜力还有待进一步挖掘。

(二)产业布局不合理

产业布局非常重要,直接决定着产业发展的进程,然而由于产业布局又会受到多方面因素的影响,因此,并非靠宏观政策或者市场的良性循环就能实现。比如,环境、教育、社会、资源、政策等都是制约产业发展的重要因素。目前,我国的社会经济和治理水平基本上呈现二元结构的特征,存在明显的区域差距。而体育产业的发展,需要社会发展到一定的先进程度,地方经济发展得较为均衡,没有过大的落差现象以及人民群众的文化水平良好等基础。但是,就目前的发展情况来看,我国在多方面都未能达到应有的水平。这限制了体育产业的发展,导致整体应用布局不够合理。最突出的表现是,产业结构较为单一,社会消费需要明显提升,于是造成供应与需求的不对等,难以满足大众对体育运动、健身娱乐和观赏比赛等的需要。

(三)促进体育产业结构优化的优惠政策较为缺乏

在体育产业的发展过程中,产业政策对其发展起着重要的推动作用,这在发达国家已经被证明了。因此,我国体育相关部门也要借鉴发达国家的先进经验,制定一系列有利于体育产业发展的优惠政策以满足体育产业发展的需要。首先,政府应制定相关的税收政策,对体育产业给予一定的扶持,建立一个完整、规范、统一的税收政策激励体系,激励体育产业不断向前发展。目前来看,我国体育产业政策的缺失直接导致了产业投资结构的单一,对我国体育产业的进一步发展造成了影响。

二、我国体育产业结构失衡的原因

产业结构优化是提高经济效益的有效途径,体育产业结构失衡严重制约了体育经济效益。造成我国体育产业结构失衡的因素主要包括政府的控制过度、政策缺乏、体育商业运作水平较低、民众体育消费意识较差、消费空间不足等。

(一)商业运作水平较低

我国的体育产出结构较为单一,而且以停留在比较初级的体育用品生产阶段为主,且产品品相较为单一,不能满足大众日益增长的消费需求。目前的体育商业运作模式有体育用品生产、体育培训、竞技体育比赛和大众健身,这显然都还处于产业发展的初、中级阶段。

(二)大众消费意识不足

我国的体育消费主要表现在体育博彩业、体育服装业、体育休闲娱乐业方面。大众对体育消费的诉求和西方发达国家相比明显落后。比如,我国的体育竞赛消费主要集中在足球项目上,而对其他项目的关注程度远远低于足球。大众的体育消费主要是休闲健身和体育用品、体育服装的购买。这不能带动整个体育产业的全面发展,消费群体分层不明显,还需要更多时间慢慢培养。

(三)投融资机制不够健全

在市场经济发展条件下,筹集资金是我国发展体育事业的重要手段。但是,目前由于投资机制的缺乏和投资政策的错位等因素,我国资本市场运作水平不高,投资机制比较单一。很多投资者都面临着两个极端:投资于银行,收益太低;投资于证券,风险太高,这种状况不容乐观。因此,我国必须建立一个完善的投融资机制,以此来有效保障我国体育产业的发展。

第二节　区域体育产业的基本结构形态

一、我国体育经济产业现状及挑战

当前西方发达国家的体育经济产业,已经成为其重要的支柱性产业之一,相较之下,我国的体育经济产业现状还存在较大的差距。体育产业是一个高度依赖社会结构和经济基础的产业,再加上我国在体育产业方面的起步较晚,所有因素都导致我国体育产业面临着巨大的挑战。

但是,由于国家对体育事业的重视,尤其是 2008 年北京成功举办奥运会以来,我国体育经济产业开始受到社会各界的广泛关注,也取得了长足的进步,在诸多方面的成绩都令世界瞩目。事实上,近年来体育经济产业也确实显著拉动了我国的经济增长。

我国体育产业的发展缺少产业布局结构的经验,也缺乏相应的理论研究支持,这使得我国体育产业一直处于落后的局面。面对这一现状和挑战,我国政府出台了一系列的措施,旨在加快我国体育产业的发展,从多方面展开行动,使体育产业能够尽快适应社会发展的速度,符合国家整体战略的要求,为建设体育强国发挥应有的作用。总之,我国体育经济产业若要稳定占据市场,必须清晰认识到体育产业布局和结构性变化与调整的重要性,顺势而行,加强我国体育产业的国际竞争力,以面对即将来临的挑战。

二、各区域体育产业布局与产业结构的共性与差异性分析

作为一个复杂的系统化资源整合并优化的过程,体育经济产业发展会受到多种因素的影响。就我国各区域来看,大致可分为东部、中部和西部区域三大部分,其中东部区域发展较快,各方面都相对领先,中部居中,而西部相对滞后。

由于经济环境的影响,西部区域的体育产业始终受到经济落后等因

素的制约,发展极为缓慢,也缺乏发展动力,这给后期的经济建设也带来了不利影响。但西部各省结合当地实际特点和政府扶持力量来着力发展体育旅游产业,为体育产业的发展带来了一些信心。

三、我国体育产业布局与产业结构存在的问题

(一)各区域的体育资源分布不平衡

体育产业的发展与体育资源分配息息相关,一般来讲,体育资源的分布实际上决定着体育产业的布局和发展情况。就我国各个区域的整体发展看,体育资源明显分布不均,过于集中在大中型城市或城市群中。另外,由于我国经济最发达的区域也在东部和中部地区,因此出现了强者愈强的局面,并且很难扭转,那些经济落后的西部地区,体育产业资源也相对紧缺,发展起来困难重重。因此,体育产业的发展受到资源的直接影响,如果难以协调资源的相对均衡分配,那么体育产业也难以全面健康地发展起来。

(二)区域体育产业结构有缺陷

就我国目前的发展情况来看,体育用品制造业是整个体育产业的领头羊,支撑着体育经济的大部分市场,而其他方面却发展迟缓、滞后,甚至还非常艰难,除了健身休闲和体育旅行等有限几个行业之外,主要还是依靠政府的支持才得以勉强发展,这就造成区域地方企业的发展受到阻碍。比如,在发达国家占有重要经济地位的体育竞赛和体育表演业,在我国各区域还主要依靠国家机构的把控,远远未发挥出其应有的经济效益和社会效益。体育行业协会难以独立操作,进而引发各种经济纠纷。我国体育用品制造行业相对缺乏产权意识,难以在世界体育品牌竞争中立足,利润也相对低了很多。如目前高端体育用品市场份额多被"耐克""阿迪达斯"等国际品牌所占据,更压制了我国企业自主品牌的创新。由此可见,欠妥的产业结构和匮乏的产权意识均已严重影响到我国各区域的体育经济的持续发展。

（三）各区域体育产业法规有待完善

每个经济产业的发展,均需要得到相关法律法规的约束与保护,体育产业也不例外,尤其是目前我国体育产业面临升级优化的关键阶段,法律法规的不足将带来诸多隐患。健全完善的法律法规是保证产业顺利发展的重要因素,而在我国的各个区域中,法律法规的建设还有一定的差距,这也为经济发展造成了潜在的混乱。以体育产业来说,各个区域内的体育企业都有一定的经济管理方法和制度,但是问题出在缺乏整体的、系统的连接,在企业内部,可以有效地治理企业发展,但是走出企业之后,大多数都难以适应社会整体经济快速发展的步伐,或者存在衔接不到位的情况,使得产业在发展过程中会遇到一些实际的问题,如很多投资无法持续发展。而法治环境是促进投资的重要外部因素。比如近些年来发展快速的体育健身休闲业,由于受到市场波动的影响,以及存在一些投机的成分,我国各区域的体育健身服务行业更新频繁,发展极不稳定,其间不可避免地会出现经济纠纷问题,如果没有健全的法制监督和约束,会直接伤害消费者对整个行业的信心,从而让行业发展受阻。总之,尽管法治建设不能直接带来产业升级和经济效益或者社会效益,但是科学、完善的法治环境有利于产业的健康发展,因此,长远来看,法律法规是保障我国体育产业稳定发展的有效措施。

四、我国各区域体育产业间平衡发展的对策

（一）完善区域体育产业发展的政策法规

在现有政策基础上,国家需要对区域体育产业发展制定更加深入和细化的法律法规,不断完善产业政策,并制定灵活、分层的鼓励优惠政策。应充分发挥国家力量,保证资源的合理分配,同时要避免过度干预,来促进区域体育产业间的平衡发展。尤其是在我国特殊的国情下,应努力协调东部、中部和西部地区的体育产业发展,使各个区域间形成良性的相互协调、相互配合的发展模式。有效控制市场的过度竞争和资源的过度集中,对技术、资本以及人才和信息等资源,进行全局规划,有序施行。政府还应积极发挥主导角色,与企业进行合作来集中市场竞争力,

激发社会资源的潜力,从而在实现政府对体育经济市场的宏观管理功能的同时,不要抑制市场的自发性和自主性。

（二）建立极化区域体育经济产业

在区域体育产业的发展中,会更多地把关注点放在产业内,各区域间的体育产业发展也需要科学地协调资源,实现创新发展,以缩小不同区域间的产业差距,同时增强区域产业的势能。因此,应敦促各个区域间积极开展经验交流与合作,打破区域壁垒,鼓励人才的交流。比如西部地区可以从发展水平较高的东部地区广泛地引进人才,将东部的经验引入西部,通过宣传和实际指导等方式,加强中部和西部地区的产业建设。

另外,还应努力在区域间寻找更多的创新机会,为中西部的体育产业发展注入新动力。其实西部地区有自身的资源特色,潜藏着巨大的机会,如果能够智慧地利用起来,不仅能缩小东西部区域的发展差距,还有可能带给西部地区飞跃式的发展。当然这一点难度较大,需要国家有关部门和组织机构从以下几个方面着手参与。

（1）积极建设吸引区域外企业准入本地市场的制度,通过政策放宽或税收优惠等手段,引进优势企业,带动本地的体育产业发展,或者对区域内体育产业进行相关制度评价和效益评估,实时监管区域内体育产业的发展动态。

（2）打破区域间的政府壁垒,加强合作与沟通,建立并实施协调共商的制度,让一个区域的领头体育企业发挥更大的作用,不仅能带动本区域的经济和体育产业的发展,还能协同其他区域的体育产业发展,促成大型体育产业项目的合作。

（3）税收政策是国家层面最为有力的调控手段,尤其是在体育产业这种复合型、跨区域型以及资源分布严重不均等情况下,可以通过国家力量出面,通过有效的税收政策来吸纳资本进入体育产业,通过全面布局和调整,将资源进行更合理的分配,建立符合"极化区"特色的体育产业融资体系和税收制度,为区域体育产业的发展打开资本的大门,吸引更多的投资,促进市场的快速发展。

（三）建立跨区域分工合作机制

我国的资源和发展具有二元对立的特点，如中部、东部区域经济、教育、文化、体育等多方面都具有一定的优势，而西部、北部地区则始终较为落后，这为区域体育产业的发展带来一定的困难。面对如此挑战，我国政府也应拿出一些有效的发展对策和措施。比如，通过有效开发西部、北部区域的旅游资源，并给予一定的扶持，使其形成优势项目，建设具有地方特色的体育经济产业旅游项目，因地制宜地进行主题性旅游开发与建设，在保持此区域自然资源、人文资源特点基础上进行体育旅游开发设计。

（四）建立产业人才培养机制

任何一个产业的发展都离不开专业人才；我国体育经济产业若要不断强大、走向世界市场，必须建立科学技术与人力资源培养机制。产业的发展需要外部环境的促进和内部动力的实现，而人才是内部动力的核心要素。人才作为经济发展的第一资源，需要从国家政府层面进行宏观的布局，通过大量培养各种层次的人才，不断地为产业输送新鲜血液，保证产业的持续发展。这需要国家从宏观上做好人才培养计划，将人才培养作为国家发展的重要战略。同时，针对体育产业的独特性重点解决当前面临的具体问题。比较快速的方式是直接从西方体育发达国家引进人才，尤其是管理人才和经营人才。根据我国体育产业发展阶段的需要，从西方社会引进合适的人选，并在实践工作中，带动本土的从业者快速成长，加强培训。另外，在高校创建丰富的专业，培养具有国际视野的体育产业人才。

第三节　产业集群与体育产业结构优化

目前，我国的体育产业正处于一个以结构调整为中心的新的成长阶段,并且,围绕体育产业所形成的经济趋势已成为推动当前国民经济发展不可忽视的力量。

一、产业集群与产业结构

(一)产业集群的内涵

大量联系密切的企业以及相关支撑机构在一定的地域范围内的集聚和集中就是所谓的产业集群。包括集聚在一起的产业或者是生产同类产品的企业,或者是具有直接上下游产业关联的企业,或者是存在着其他方面的密切联系的企业。

(二)产业集群对区域产业结构优化的促进

任何区域的发展都不是某一孤立的行为主体所能完成的,都可以看作区域内外各种行为主体之间坚守信用的结果,而产业集群只不过是保证行为主体各种活动更高效的一种经济形式。

从产业结构上看,产业集群对我国产业结构调整的促进作用主要体现在产业结构合理化和产业结构高度化上。产业结构合理化要求在一定的经济发展阶段,根据消费需求和资源条件,理顺结构,使资源在产业间合理配置,有效利用。而产业结构高度化则表现在高加工度化、高附加值化、技术集约化、工业结构软性化上。

从产业组织视角来看,产业集群是产业结构调整的微观组织形式。产业结构的调整、产业升级与产业组织有着密切的联系。从广义上看,产业组织是指产业内部企业之间的相互联系,也是指生产要素在企业内和企业间的动态组合方式、组合活动,组合方式表现为生产要素如何组合,采取什么样的组合形式,组合活动则表现为实施某种组合方式的一系列活动。

二、体育产业结构优化调整的必要性分析

体育产业结构的调整,在很大限度上要依赖政府行为的主导,其次

是借助市场机制,在发展中实现越来越成熟和完善的状态。

（一）市场失灵

市场的机制是发展体育产业的重要机制,然而就我国目前的趋势来看,体育产业中的市场机制呈现出一定的失灵状态,也就是说,我国的市场还并未发挥应有的作用,而导致这一现状的因素是较为复杂的。比如,在发展初期由于过度依赖政府的宏观调控,从而发生过度干预现象,使市场始终处于要发展却发展不起来的尴尬状态。

我国的市场发展主要是在改革开放后才开始的,而之前的计划经济,以及作为一个在历史上大多数时间都处于封建社会的国家,其文化积淀在很大限度上受封建农耕经济的影响,难以在短短的几十年内发生根本的变化。因此,市场失灵不足为奇,市场机制完善需要时间,同样地,体育产业结构的发展也需要一定的时间才能逐步完成。

（二）体育产业公共性和经济性的统一

体育产业具有公共性和经济性两个属性。公共产品具有非竞争性、非排他性、不可分割性。体育产品需要将公共属性和经济属性相结合,并融合统一,使二者都能正常地发挥出应有的价值。统一性的内在含义包括,不以牺牲一个属性为代价来发展另一属性,而是通过科学合理的手段,让二者发挥出"1+1>2"的效益。当然,这需要政府与企业展开密切的合作,逐渐摸索出最佳方案。

（三）面临严峻的现实考验

目前,我国体育产业发展面临的挑战有两方面,一方面是自身准备不足,在诸多方面还不具备成熟的环境条件,另一方面是来自西方成熟的体育产业的挤压,即自身的不足和强劲的对手,是我国体育产业发展中面临的严峻考验。但是,发展是唯一的办法,而且必须加快发展,努力实现超越,在西方主导体育产业的现实面前,努力发挥自身的独有价值,并寻求突破的机会,以不断提升自身的国际竞争力。

（四）科技投入风险高

体育产业与科技的密切合作已经成为产业发展的重要动力。尤其随着近年来科技的不断突破,体育产业对科技的依赖也日趋明显。科学技术在场馆建设、运动器材、训练方法等众多领域中,都发挥着决定性作用,甚至有些运动员对先进设备也具有较高的依赖度。然而,科技的发展背后,需要巨大的经济投入和时间成本,这在市场经济中,对于体育企业而言是一个较为尴尬的局面。作为经营者,企业以追求利润最大化为根本目标,其无法承担那些天文数字般的巨额投入,并且科技投入风险高、见效慢,这也是企业不能承受之重。

三、体育产业结构调整的目标

优化体育产业结构,主要是对体育资源的充分分配,对人力资源和资本资源的合理利用,这样可以打破区域壁垒,从而保持我国体育经济实现持续、稳定的增长。

（一）体育经济的可持续发展

体育产业要想获得持续性发展,首先要做到的是从组织结构方面进行合理配比,使其组织之间保持相对有效的关联作用。而单独强调某一组织,弱化其他组织,都是产业不健康的表现,也无法获得持久的发展。长远来看,这也必然会制约产业的正常发展。因此,要在更大范围发挥体育经济发展的潜力,就必须使产业内部的各组织保持合理化,形成协调发展的格局。

（二）优化体育产业结构

产业的升级首先是从产业结构的优化开始的,原来较为初级的结构形态,已经完成了它的历史使命,为了实现进一步的发展,必须调整结构,使产业结构不断变化和升级,进而完成发展和产业的变革,最终实现经济效益和社会效益的提升。目前,我国体育产业结构的现状如得不到改善,体育经济的变化将只能反映在经济增量上,不会带来经济质量的提高,更不会出现大规模的高效增长。

四、体育产业结构优化中的政府行为

(一)全民健身计划

要实现体育事业的全面发展,必须从全民抓起;同样地,要实现体育事业与体育产业的协调发展,也需要加强全民体育教育和引导,提升体育消费的认知和能力,从整体上为促进产业结构的升级做好准备。我国的全民健身计划不仅是提高全民健康水平的伟大倡议,也是发展体育产业、促进社会经济发展的重要组成。而推进全民健身计划必须通过、也只能通过政府行为才能得到落实和推进。

(二)体育设施建设

我国的国情决定了,要想提升国家整体的体育设施建设,必须由国家主导,通过政府行为实现。除了一线城市之外,我国的体育设施包括体育场馆的数量和质量,还存在巨大的缺口。尽管改革开放后,随着社会财富的提升,一些二、三线城市的体育设施也逐步建设起来,但是整体来看,仍然不能全面覆盖全民健身的运动需要。而且,对设施设备的维护,也需要大量的资金和人力资源,这一切都需要国家从宏观上进行资源调控,科学管理。

(三)税制改革

体育产业的发展需要国家从税制角度给予支持。实践证明,过高的税收会严重制约我国体育产业的正常发展。特别是一些利民的体育娱乐休闲产业,如果一律按照20%税率征收营业税,那么处于起步初级阶段的运动休闲业将难以为继。比如保龄球馆、射击馆等,曾经火热一时,近些年来已经几乎销声匿迹,过高的税务压力使这些专项运动的经营者不堪重负。科学的方法应该是,国家通过实行差别税率和减免税政策来鼓励一些边缘的体育产业进行发展,丰富其整体的体育产业生态,从而促进体育产业总量和结构的不断优化。总之,实行高税、低税及减免税等不同的税收政策,是有效和必要的改革措施。

(四)文化引导

产业的发展需要在社会上形成良好的发展环境,除了实施经济、政策、税制、体育设施等方面的有效手段以外,还需要进行文化引导。这是因为,我国大部分居民的体育消费观念还处于比较初级的阶段,这对体育服务业以及体育产业的进一步发展显然是不利的。政府的有效舆论引导可以使大众的观念进行更新,对体育的认识逐步提升,从而发掘潜在的体育消费需要和意愿,逐渐形成全面建设和全民体育的理想局面。

第四节　体育产业政策对产业结构优化升级的影响

体育产业政策对产业结构优化升级的影响主要体现在区域经济政策的导向效应、政策推动与产业结构优化、市场需求与产业结构升级、科技创新与产业升级多个方面。

一、区域经济政策的导向效应

区域经济政策是市场经济条件下政府优化资源地域空间配置、调整区域经济运行的重要手段,是通过特定手段实现政府所确定的区域经济目标的一系列经济政策的总和,是宏观经济政策体系的重要构成内容[1]。区域经济政策的导向效应主要表现在以下几个方面:

---

① 王晓林,鞠明海,朱立斌.体育产业与区域经济发展研究[M].哈尔滨:哈尔滨地图出版社,2008.

（一）政府实施宏观调控

体育产业的发展离不开政府的宏观调控和市场监管,发挥政府职能,对体育产业发展的相关政策加以制定,能够为体育产业的健康与可持续发展提供积极有效的引导。

在区域体育产业管理中,体育产业政策作为一种政治管理方式发挥着举足轻重的作用,政府制定科学的体育产业政策是一个地区体育产业赖以生存与发展的基础条件。政府出台的体育产业政策主要是关于调整体育产业结构和优化体育产业组织的政策,政府出台这些相关政策,主要是以体育发展的内在要求为依据的,同时预测了一定时期内体育产业结构的变化趋势和产业总体发展趋势,了解了国家和地区体育事业的发展规划、体育产业的发展现状、拥有的体育优势资源,然后经过综合分析制定出产业政策,将主导性体育产业确立下来,通过优先发展主导体育产业来带动其他体育产业的发展,实现区域体育产业结构的优化升级,最终促进地区体育产业的发展和体育事业的总体发展。

近些年,我国政府为支持与引导体育产业的发展,制定了一系列体育产业政策,具有代表性的有 2010 年国务院办公厅出台的《关于加快发展体育产业的指导意见》、2014 年国务院印发的《关于加快发展体育产业促进体育消费的若干意见》、2016 年国家体育总局印发的《体育产业发展“十三五”规划》、2019 年国务院出台的《关于促进全民健身和体育消费推动体育产业高质量发展的意见》等[①]。在这些产业政策下,各地抓住机遇,大力发展体育产业,对体育市场的新趋势予以准确把握,在政策的“阳光雨露”下组织了丰富的体育活动,开发了大量的体育产品和服务,满足了消费者的多元需求。此外,我国还积极推动体育产业与互联网、教育、医疗、金融以及旅游等产业的多元融合,开辟了体育产业的多元化发展路径,促进了区域体育产业整体质量的提升。

---

① 彭志伟.“一带一路”背景下我国体育产业发展体系研究 [M].北京:中国纺织出版社,2018.

（二）政府采用经济手段

政府在体育产业管理中经常采用经济手段引导体育产业的发展方向，其中税收手段和金融手段发挥了重要作用。以税收手段为例，政府对各种体育产品和体育服务的税收标准进行调整，将体育产业各部门的税收负担、不同类型体育产品的差别税率确定下来，从而使体育产业发展中从产品生产到市场消费都获得了一定程度的调节，为体育资源的合理配置提供了正确的引导，从而不断优化体育产业结构和产品结构，使结构趋于合理化、最优化、效益最大化。

（三）政府提供信息服务

为企业服务是政府的主要职能之一，对发展体育产业而言，服务型政府比管理型政府更能发挥作用。政府通过多元渠道将一些重要的信息服务提供给体育企业，以促进体育产业发展。体育企业能够从服务型政府单位获得体育产业的统计数据、发展趋势预测等重要信息。此外，政府还为体育产业中行业标准、技术规范的建立与完善提供了方向。

二、政策推动与产业结构优化

（一）政策引导与支持

体育产业政策的出台，如《全民健身计划（2021—2025 年）》和《关于加强全民健身场地设施建设发展群众体育的意见》等，为体育产业的发展提供了明确的指导和支持。这些政策不仅加大了全民健身场地设施的供给，还广泛开展了全民健身赛事活动，提升了科学健身指导服务水平，从而促进了体育产业的快速发展。

（二）产业结构优化升级

体育产业政策的实施，有助于推动体育产业结构的优化升级。例如，通过加强人才队伍建设、落实税费优惠政策、保障体育产业用地、完善统计体系等措施,为体育产业的发展提供了有力保障。这些政策的实施,使得体育产业在国民经济中的地位逐渐提升,成为推动经济高质量发展的重要力量。

三、市场需求与产业结构升级

(一)市场需求的增长

随着人们健康意识的提高和生活方式的改变,对体育健身、休闲娱乐等体育服务的需求不断增长。这种市场需求的增长,为体育产业的发展提供了广阔的空间,推动了体育产业的快速发展。

(二)产业结构的升级

市场需求的增长,促进了体育产业结构的升级。在传统的体育用品制造业保持稳步增长的同时,体育服务业、体育旅游业、体育培训业等新兴产业快速发展,成为推动体育产业增长的新动力。这种产业结构的升级,使得体育产业更加符合市场需求,提高了体育产业的竞争力和可持续发展能力。

四、科技创新与产业升级

(一)体育科技创新的推动

体育科技创新是推动体育产业升级的重要因素。通过引进和应用新技术、新材料、新工艺等,可以提高体育产品的性能和品质,降低生产成本,增强体育产业的竞争力。同时,体育科技创新推动了体育产业与其他产业的融合发展,形成了新的产业模式和增长点。

（二）体育产业升级的表现

在科技创新的推动下，体育产业逐渐实现了从传统的体育用品制造业向高端制造业、现代服务业的转型升级。例如，智能健身器材、在线健身平台、虚拟现实（VR）等技术的应用，使得体育服务更加便捷、高效和个性化。这种产业升级的表现，使得体育产业在国民经济中的地位更加突出，成为推动社会经济高质量发展的重要力量。

综上所述，体育产业政策对产业结构优化升级具有重要影响。通过政策引导与支持、市场需求增长以及科技创新推动等多方面的作用，体育产业政策促进了体育产业的快速发展和产业结构的优化升级。未来，随着体育产业的不断发展和政策的不断完善，体育产业将继续在国民经济中发挥重要作用，推动经济的高质量发展。

第五节　区域一体化背景下我国体育产业结构优化升级的策略

一、市场行为与政府行为的耦合

在区域一体化背景下，就我国的国情与实际发展情况来看，可以选择在政府与市场之间寻求一种科学的共处模式，即耦合状态。美国著名经济学家斯蒂格利茨曾说过："不应把市场和政府对峙起来，而应促使二者保持恰到好处的平衡。"由此可见，在理论上，政府与市场可以形成更为高效的互补模式。在体育产业结构优化的进程中，通过发挥政府与市场的互补作用，可以产生一些新的优势，但这种现象不会自动发生，需要借助政府力量才能实现。通过政府发挥出强大的调控作用，以及市场发挥出灵活的应变能力，两者可以产生耦合，最终实现较高的经济效果。在充分发挥市场激励约束机制和市场配置资源的基础性作用的同时，我们要强调政府在某些领域的合理介入，也要强调市场的积极求新、求变的作用，将两者的优势充分地调动起来、发挥出来，合力进行体育产业的优化与升级。同时，完善相关的体育产业结构演进升级的体制条件,让各种资源能充分地流动起来,不断扩大产业范围,加强市场供求之间的链条,并使之越来越有活力,健康、稳定地持续发展下去。

(一)资源的充分流动

产业结构的发展需要充沛的资源,或者资源的有效利用。可以说产业结构的优化过程就是各种社会资源的配置或再配置的过程。在我国体育产业优化的工作中,首先需要政府对各种资源的科学评估和合理分配,其次是发挥市场的协调能力,激活现有的资源,使其发挥出最大效益。根据供求关系,给资源配置紧缺的产业一定的支持,让资源从资源配置相对过剩的地区流向资源配置紧缺的地区,从而在宏观上解决了资源不均的问题。优化所有的制约或阻碍资源流动的制度,以充分激活社会资源为首要目的,从而让产业结构的演进更加健康有序。

(二)真实的市场供求信号

产业的发展与市场的关系十分紧密,而真实的市场供求信息将左右产业发展的方向,因此是十分重要的因素之一。当市场供求信号准确且灵敏时,各个产业部门依据获得的信息,及时做出应对决策,以保障产业的顺利、健康发展,将风险与损失降到最低以及将受益最大化。比如,在供大于求的泡沫经济时期,企业应及时调整策略,降低生产以免供应过剩,最终带来市场和资金的损失,也导致社会资源的浪费。

此外,各个产业部门应充分地发挥自身的自主地位,以自身利益为出发点,在遵守产业制度与相关法律法规的前提下,积极拓展投资方向和探索市场,从而形成产业升级的核心动力。

二、调节市场与政府的关系

在市场经济背景下,企业是经营主体,因此需要自负盈亏,自主谋求发展,同时需要加强自我约束,努力避免在商业竞争中发生违规操作。但是,在实践中,政府的监管角色会对企业的经营行为进行监督和检查,这就导致一些企业经营者会抵触政府无时不在的"约束力"。然而,经济学家霍奇逊指出："一个纯粹的市场体系是行不通的,必定渗透着国家的规章条例和干预,市场通过制度发挥作用。"但是,市场机制的建设也需要一定的时间,以下是比较重要的几个方面:

(一)资源垄断制约着我国体育产业

在发达国家,体育产业已经形成了庞大的市场规模,是国家的重要经济支柱。尽管我国的体育产业还处于发展初期,其规模还在逐步完善中,各个方面还存在着许多不足,但就未来的发展空间来说,潜力巨大,必须重视起来。就目前的发展情况来看,制约我国体育产业发展的主要问题,是资源的垄断。在资源高度集中的前提下,容易滋生恶意竞争和腐败等问题。这对于我国还并不成熟的市场机制来说更是雪上加霜。

(二)社会效益与经济效益结合发展

体育产业在具有经济属性的同时,具有较强的公益属性。因此,在制定体育产业的发展规划时,要同时兼具市场目标和社会效益两方面,既不能牺牲社会效益只追求经济效益,也不能以追求经济效益而放弃社会效益。同时,应借助体育产业的社会效益来促进产业经济的发展,或者借助经济效益拉动其社会效益的提升,争取建设出更加全面、完备的体育产业结构。

(三)以政府为主导发展产业技术

现代竞技体育的发展,与科学技术的进步息息相关。科技的飞速进步,也在一定程度上影响着竞技体育的发展进程。在技术的加持下,运动员的训练和比赛都变得更加激烈。尤其是近几年来,甚至还提出"科技奥运"的现代竞技理念,可见科技介入体育的程度有多深。回到市场经济的语境中,体育产业发展的最根本目的是寻求经济效益。尽管科技能够助力体育事业和体育产业的发展,但是如果花费在场馆建设、运动器材、训练方法等方面的成本过高,超出了企业合理承受范围,就会舍本逐末,反而拖住了企业的发展速度,甚至危及企业的生存状态。因此,企业不应为了追求先进技术而去推进那些耗资大、风险高、见效慢的重大科技研究项目。政府才是承担起这一责任的第一人,这也是我国主张政府与市场合力发展体育产业的一个重要原因。

三、合理把握政府的管理尺度

在体育产业升级与优化的过程中,政府的角色至关重要。一方面,要对市场进行有效的干预,以弥补市场早期的失灵状态;另一方面,又要给予市场一定的自由度,以充分激活市场的潜力。这一过程既需要政府的干预,又需要政府的适度放手。没有政府的主导不行,但过多、过细的干预又会束缚体育企业的手脚,阻碍体育产业的正常发展。因此,这一时期政府扮演的角色非常重要,将直接影响我国体育产业的发展情况,需要科学合理地行使职权,并随时根据市场的实际反应进行调整。以下从两个方面分析政府管理得当与否所带来的影响。

(一)过度干预会扭曲市场机制

政府在扶持体育产业发展的初期,要多做规章制度方面的工作,少做具体的干预,否则就会破坏市场的发展动力。比如,我国的一些职业联赛中,政府的过度干预,导致资源分配不均,产权收益分配不合理等现象,而引起球员和球队罢赛。另外,如果项目的主导者对经营效果,即盈亏情况不负责任的话,那么显然违背了"谁投资、谁受益"的市场规律,长此以往就会扭曲市场机制,进而制约我国职业联赛的顺利开展。再比如,在政府投资兴建体育场馆的项目中,有时因为信息不充分会造成错误判断,最终导致我国体育场馆绝对数量不足的同时,出现了大量闲置浪费的现象。

(二)合理的税收制度是关键

另外,政府在制定体育产业税收制度的时候,要考虑体育产业的特殊性。比如从保龄球市场的发展来看,20%的税收不仅没有起到应有的调节和引导作用,反而制约了保龄球行业的正常发展。可见,只有有效的政府干预和完善的市场机制的合理配合,才能保证我国体育产业健康、稳定地发展,综合功能的调控与市场的行为只有在科学合理的条件下才能形成有效的耦合现象。当然,这还受个人、社会等多方面因素的影响,其发展关系如图4-1所示。

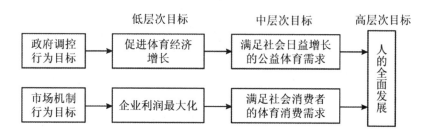

图 4-1 两大主体行为目标的耦合机制

四、我国体育产业结构优化对策分析

(一)合理兴建体育设施、调控体育税收

在体育设施方面,需要国家的主导与支持,只有具备足够水平的体育设施,才能有效地发展体育产业。因此,首先需要政府做好宏观调控工作,在财政和人力方面调动资源,根据各地体育发展的条件进行合理的建设。比如兴建大型的体育馆、体育场,这不仅需要资金和人力资源的投入,还要根据地区的发展规划进行综合研究和宏观调控。

比如,科学运用经济手段、市场法规,建设必要的体育设施,进行有效管理,进而建立良好的体育产业循环机制。体育产业的双重属性,决定了它在参与国家建设中具有重要的作用,体育产业也是我国社会公益事业的重要组成部分。因此,政府在制定宏观发展规划时,要同时兼具其经济效益和社会效益。比如,通过调整体育产业方面的财政税收政策,来优化体育产业的结构,同时促进了体育产业社会效益的顺利发挥。在公共体育方面,应合理免征公共体育场馆、公众体育活动营业用地的使用税等。

（二）引导公众建立正确的体育消费观

发挥媒体的影响力，积极引导公众进行合理的体育消费，培养长期的体育习惯，从而营造体育产业市场的基础环境。尤其在移动互联网时代，传媒优势明显，信息高度共享和传播，为体育产业的发展创造了良好的传播环境。良好的宣传能够有效提升我国体育产业的内需，从而拉动体育产业经济的发展。参与国际体育产业的竞争，对我国的体育市场发展既是机遇，也是挑战，这是因为，国外的体育市场已经相对成熟，而我国还处于发展初期，作为体育产业的从业者，必须全力以赴，积极研发与世界接轨的新型环保体育产品，以满足广大群众的体育消费需求。

（三）加强培养体育产业的管理人才

体育产业的发展离不开大量管理人才的加入，而人才并不是凭空出现的，需要先期的投入与科学培养。中国作为一个大国，在人才需求方面有巨大的空缺，尤其是体育产业这种新兴产业，我们前期的积累还不够，对人才的储备与培养都还在摸索之中，而体育产业的管理人才相对而言更是稀缺。因此，为了加快体育产业的发展，国家应重点培养一批体育产业的高级人才，如管理人才、经营人才等，通过充分培养他们的组织协调能力和经营管理能力，来助力产业升级与产业优化的发展。比如可以从以下两个方面进行。

一方面，在高校创建更多的体育专业科目，并直接与产业挂钩，实现定向人才的培养与输出。

另一方面，对于当前体育产业中的在职人员进行深入、持续的专业培训、职业进修等，从而巩固和提高当前在职人员的专业素质，并且从现有人选中，择优培养高级的经营管理人才。

第六节　长三角体育产业的结构状况与优化路径

一、长三角体育产业主要结构及其现状

(一)体育用品业

作为我国体育器材的重要生产基地之一,上海市的体育用品制造业十分发达。上海生产制造了众多体育用品,其中最具代表性的当属"红双喜"品牌,"红双喜"还曾是奥运会器材的供应商,可见其品牌影响力十分广泛和巨大。上海是国际化大都市,影响力自然远远超过长三角其他城市,凭借这一优势,上海连续多次举办中国国际体育用品博览会,上海及周边地区的体育用品消费层次在这一活动的拉动下大幅提升,这一活动的举办也为上海民族体育用品企业拓展国内、国外市场,走向全国乃至全世界提供了重要的契机与平台。

近年来,浙江省、江苏省、安徽省的体育用品制造业发展速度较快,呈现出非常迅猛的发展势头,三省的体育用品制造企业不断涌现,但只有少部分企业拥有自主品牌,很多企业的业务主要集中在体育用品代加工上。总体而言,长三角体育用品制造业的整体实力排在全国前列,但综合而言尚缺乏国际竞争力。

(二)体育健身休闲业

随着长三角经济的快速发展和人民生活水平的不断提高,长三角地区体育健身休闲业的发展势头也十分迅猛。上海市体育健身经营单位层出不穷,并形成了多元化的发展模式,这是上海体育健身休闲行业发展的优势与特色之一。

江苏省体育健身休闲业也不断加快发展速度,在江苏省体育产业中

占据十分重要的地位,成为江苏省体育产业发展的主要动力之一。江苏省的体育健身休闲产品包括高、中、低三档,以满足不同经济水平消费者的需求。江苏省体育健身休闲业除了健身休闲产品档次分明这一特色外,还有一个显著的特点,即投资多元化。近些年,浙江省与安徽省体育健身休闲业也在快速发展,两省的体育休闲健身经营单位不断增加,营业收入可观。

总体而言,当前长三角体育健身休闲业发展速度较快,并形成了一定的规模,但该产业的发展也遇到了一些困境,如居民休闲健身意识不强,这方面的消费观念落后,一些体育休闲健身经营单位缺乏经营管理经验,市场运作不畅通,甚至有些经营单位因经营不善而倒闭。此外,长三角体育健身休闲业的市场规模相对较小,市场氛围也不够浓厚。

(三)体育竞赛表演业

以上海为龙头的长三角体育竞赛表演业在全国位列前茅。在长三角体育竞赛表演业的发展中,上海发展最迅速,而且已与世界体育产业大城市接轨,不断举办世界体育大赛,如举世闻名的 F1 中国大奖赛、网球大师杯赛、国际马拉松赛等世界品牌赛事,这些国际赛事的举办也使上海进入一个更高的发展层次,并成为人们认识上海的一张名片。

现阶段,浙江、安徽、江苏三省的体育竞赛表演业也以较快的速度不断发展,三省体育竞赛的组织运行模式也不断呈现出市场化和社会化趋势,但相对于上海而言,三省举办的体育赛事级别和层次都较低,没有形成广泛深远的影响力,因此必须以上海为龙头推进长三角区域体育竞赛表演业的深度合作,整体提升长三角体育竞赛表演业的实力和影响力。

二、长三角体育产业结构优化路径

(一)推进体育服务业发展,优化产业结构

美、英等国是体育发达国家,这些国家的体育服务业在体育产业中居于举足轻重的地位,它们结合消费者的实际需要,将丰富的体育服务业产品提供给消费者,因而形成了庞大的市场规模,获得全面发展,而

且在国民经济发展中体育服务业的贡献也越来越大。

体育发达国家重点发展体育服务业的做法值得长三角地区借鉴和参考。长三角地区在开发体育服务业方面拥有良好的基础条件，体育服务业总规模相较于体育制造业总规模也较大，因而具有良好的优势。在长三角体育服务业发展中要加大体育资金投入力度，提供体育政策扶持的同时，加强体育供给创新，促进长三角体育服务业高速发展，使其在长三角体育产业中的占比不断提升。

长三角地区经济发达，居民收入水平较高，对体育服务有较大需求，因此长三角地区应遵循体育产业结构优化规律，提升体育服务业占比，促进长三角体育产业结构的优化升级。

（二）激发核心业态潜力，提升服务业水平

体育产业结构的优化成果与体育产业内部结构中核心层产业的发展有很大的关系。发达国家体育产业结构内部的核心层产业主要是体育健身休闲业、体育竞赛表演业、体育教育培训业等，这些核心产业已经处于十分成熟的发展阶段。体育健身休闲业、体育教育培训业的发展离不开体育资金投入，体育竞赛表演业的发展需要体育政策的扶持和体育供给创新的刺激。体育产业内部结构中的核心层产业发展潜力巨大，也与经济发展规律相符，因此更容易开发市场。而且通过政府调控和市场调节的双重作用，核心层产业的发展一定能够更加持久，并能够对体育中间层产业的发展起到推动作用，从而促进体育产业良性结构发展状态的形成。因此，要优化长三角地区体育产业结构，就必须提升核心业态在体育产业内部结构中的占比，以此为基础对体育健身休闲业、体育竞赛表演业、体育教育培训业等予以扶持和推动，使这些核心层产业的规模不断扩大，以达到结构不断优化的目的。

（三）提高要素投入力度，推进区域协作一体化

长三角地区各地体育产业结构存在较大差异，因此实现长三角区域体育产业协作一体化还面临着一定的困境。对此，我们要看到不同的要素投入带来的产业变化也是不同的，长三角地区应遵循体育产业结构发展规律，在此基础上通过提高要素投入力度来探索结构优化路径。比

如,上海市体育产业结构相对而言是比较合理的,在这种情况下需进一步加大体育资金投入力度,发挥资金要素的作用,吸引外商投资,扩大产业规模。江苏和浙江两省的体育产业规模比较大,体育制造业、体育服务业所占的比重旗鼓相当,但核心层发展动力不足,在这种情况下要重点发挥政策要素和供给要素的作用,加大政策支持力度和供给创新力度,促进体育健身休闲业、体育竞赛表演业等核心层产业规模的扩大。安徽省体育产业内部结构中居于主导地位的是体育制造业,产业结构不够合理,距离优化还有一定差距,对此要加强供给创新,快速落实技术升级与产业转移,奠定坚实稳定的体育基础,然后逐渐将重心转移到体育服务业上,对新兴核心产业进行培育,将省内体育资源丰富的优势充分发挥出来,加大对体育服务产业的开发力度,使核心产业的占比不断提高,从而循序渐进地实现体育产业结构的优化。长三角地区各地在优化本地体育产业结构的同时还要加强沟通协作,为区域体育产业一体化发展奠定基础。

第七节　发达国家体育产业结构的演进及其对我国的启示

一、发达国家体育产业结构演进的历程

经过多年的探索和努力,发达国家已经实现体育产业的高度成熟,并且使其成为国家的重要经济支柱之一。体育产业最初源于英、美,而后在欧洲大陆和北美地区发展成型,至今已经遍布全球,并且是全球经济的重要支撑之一。体育产业在发达国家经过历史性的演进,经历了商业化、职业化和大众化的发展过程。通过研究发达国家体育产业演进的历程,可以得到一定的借鉴,从而为我国的体育产业发展指出前进的方向。

（一）形成期（18世纪中期—19世纪中期）

在18世纪60年代,随着产业革命的出现和生产力的进步,人类

从繁重的体力劳动中逐渐解放出来,以英国为首的资本主义国家获得了快速发展,并进入了快速资本积累时期,为资本主义的兴起奠定了基础。

体育作为一项产业活动迎来发展的历史机遇。随着人们物质生活的不断丰富,一些新兴资本家开始有了追求精神生活的需求,他们需要借助一些身体的活动来打发时间,宣泄激情。于是,足球、橄榄球、高尔夫、游泳等体育活动最初在英国流行起来。这也是当今的众多体育项目大多发源于英国的根本原因。体育运动和体育游戏不仅带动了体育项目的成熟,同时给运动场所、运动服装、运动装备等各种相关行业的发展带来了动力。

（二）发展期（19世纪中期—20世纪中期）

19世纪中后期,在产业革命的强力推动下,资本主义国家的经济迎来了高速发展,其主要特征是生产和资本高度垄断,财富高度集中,制造了一些富可敌国的商业帝国和资本新贵。垄断组织的出现对体育产业的发展带来了重大影响。

一些资本家逐渐将体育俱乐部职业化经营发展为具有较大规模的产业形态。例如,英国的足球、拳击、自行车、赛马等运动项目蓬勃发展,以职业体育为主体的体育产业局面已经逐步形成。

（三）加速期（20世纪50年代—20世纪80年代）

20世纪中期,第三波产业革命的诞生带动了体育产业加速期的到来,对世界范围内的产业结构升级和调整产生了巨大的影响。20世纪60年代以来,美国、日本等发达国家经济迅猛发展,其人均GDP跨过5000美元门槛,这标志着体育产业迎来了加速发展的时期。

随着社会经济的发展,大众对健身休闲的需求不断提高,因此,体育服务业迎来快速发展的时期,同时激发了体育行业的内在潜力,实现了体育产业多元商业化发展格局。也是在这一时期,发达国家的体育产业实现重要突破,逐渐发展成为国家的经济支柱。

（四）成熟期（20世纪90年代至今）

随着知识经济在发达国家逐步成为现实的经济形态，体育产业结构进入了新一轮的调整周期。在知识经济时代，全球经济系统紧密相关，并且越来越向着国际分工协作的局面发展，出现"产品差别型分工"和"生产工序型分工"深化发展的新特点。就体育产业而言，美国、日本等发达国家占据先机，一直居于国际分工的上游位置。由于占有先发优势，发达国家在全球布局，将体育产业的规模越做越大，这给发展中国家带来新的挑战，并且给发展中国家进行体育产业结构升级造成一定的压力。伴随着发达国家体育产业已经进入成熟期的同时，发展中国家还在艰难地开展自己的产业结构优化和全新布局。

二、发达国家体育产业结构演进的趋势

由于发达国家的体育产业发展较早，而且其演进过程已经进入较高的水平。因此，我国在发展体育产业时，有必要通过研究发达国家的体育产业发展趋势，并从中选择值得借鉴的成功经验，指引我国在产业升级过程中少走弯路，实现快速赶超的局面。纵观发达国家体育产业演进历程，主要呈现以下几方面的发展趋势：

（一）产业贡献扩大化

发达国家体育产业发展的一个重要标志，或者说成功的标准，就是其对所在国家国民经济的影响。大量的研究数据显示，西方发达国家的体育产值已经发展得非常成熟。日本和韩国等亚洲国家也后来居上，其体育产业在逐年增长，并成为国家的重要经济支柱。

（二）产业结构服务化

体育产业的升级基本上可以体现为向着服务化发展的一系列过程。产业结构的重心从生产实力产品，逐渐向服务业转移的过程，也就是产业升级的重要表现。在发达国家中，无一例外的是，其体育服务业已经成为体育产业的本体产业，主导着体育产业的构成。以日本为例，从

1993 年以来,日本的体育消费结构逐渐从体育物质产品向体育服务产品转移。

(三)产业体系关联化

产业体系关联化是产业成熟的一个重要标志。在发达国家,体育产业内部的关联程度较高,已经基本形成了涵盖核心产业、中介产业和外围产业的相对完整的产业链条。比如以体育产业最为发达的美国为例,美国在职业体育产业、健身娱乐业、体育博彩市场、体育消费等相关产业有着十分深入的关联,形成庞大的产业网络。各个产业间相互融合、互相促进,形成一定的良性循环。

总之,无论是以美国为代表的混合体育产业,还是以英法"健身娱乐业"、意大利"足球产业"等为核心的产业体系,都为发达国家体育产业的持续发展提供了空间。

(四)产业融资资本化

现代产业的发展,都是建立在资本化的基础上进行的。我国的体育产业由于是由政府主导建设,在市场化方面还表现出明显的不足,对产业融资也造成一定的障碍。这时就需要政府承担起鼓励资本进入,为投融资创建良好的营商环境。就目前来看,这是促进我国体育产业升级的重要内容。产业发展,需要资本助力,特别是我国当前面临的体育产业升级的问题,更是需要大量的资金做支撑,从基础建设,到人才培养,从产业布局,到资源的重新分配等。其中,打通资本通路,为体育产业的融资打开绿色通道。而企业的发展,需要大量的资本,通过构建有效的资本市场,可以扩大企业的发展前景,为产业升级打好基础。体育产业资本化趋势已经成为发达国家体育产业彰显生命力的重要动力。

(五)产业经营国际化

发达国家的产业发展,基本上都呈现出越来越多地走向国际垄断化的经营方式。无论是重要的体育赛事,还是体育用品的龙头企业,都已经完成了国际化的发展。比如人们耳熟能详的体育服装消费品阿迪达斯、耐克、锐步等品牌,早就垄断了体育服装的国际市场。占据着当今世界运动服、运动鞋市场的 80％的份额。

以全球顶级咨询公司 IPG 为例,该公司在旗下设立了涵盖多个层面的体育产业服务公司,对体育产业的国际化推进起到了不可替代的作用。其中,该公司还针对体育明星、多项体育赛事以及体育娱乐休闲等设立了专门的服务项目,包括 500 多个世界顶级企业和组织,以及 800 多个顶级体育明星。

三、发达国家体育产业发展及结构演进对我国的启示

(一)发达国家体育产业发展及结构演进的经验

体育产业起源于西方,它的发展历程是在西方资本主义制度与市场经济的基础上逐步演进而来的。我国无论体制,还是时代背景,或者社会经济发展的程度等,都与西方发达国家有很大的差异,这些都深刻影响着我国体育产业的发展。尽管如此,我们还是可以从发达国家的体育产业发展中总结出一些宝贵的经验和教训,助力我国的体育产业发展。

1.产业质量较高

在产业发展初期,更多的是开辟出新的领域和市场,是从 0 到 1 的过程,因此会存在许多不足。然而,发达国家经过多年的经营和探索,已经实现了体育产业的高度完善,并且直接体现在社会效益和经济增长等方面。因此,发达国家的体育产业质量优秀,且后劲十足,已经发展为质量效益型的经济发展方式。

2.产业结构完整

一个产业的成熟程度,首先体现在其结构完整与否、稳定与否等方面。纵观西方发达国家的体育产业,普遍的情况是已经形成一个健康、稳定的复合型结构,具有多层次、多维度、高相关性的生产与经营的内在联系。从体育物质产品到体育服务产品,从生产到经营,形成完整的产业链,以及稳健的产业规模。

3. 产业环境健全

产业环境是促进和保证产业健康发展的重要条件。对产业环境的打造,需要从资本、人力、法制、经济等多个方面同时进行,从而发挥系统的力量,促使产业健康发展。

(二)发达国家体育产业发展及结构演进对我国的启示

1. 坚持以战略高度谋发展

西方发达国家在扩大体育产业的规模时,似乎始终保持着高速增长的势头,并且已经取得了领先世界的成果。很多发达国家的体育产业,已经成为其重要的国民经济支柱,对其国家的经济发展具有举足轻重的影响。这对我国等一些发展中国家而言,是一个很好的发展目标,通过发展体育产业不仅可以增强国力,带动区域经济,还具有较好的社会效益,以及提高国民的身体素质等,因此,应将体育产业的发展放在国家战略层面来对待。

2. 坚持以结构优化促升级

西方发达国家在发展体育产业时,非常重视对产业链的结构优化与升级,并且在发展中使产业间形成高度的有机统一。体育产业本身就是一个复合型产业,涵盖了竞赛、表演、旅行、休闲、社交,以及各种各样的产品群,其产值结构、资产结构以及中间要素结构等都表现得较为协调,形成了完整的产业链。西方发达国家资本主义形态对体育产业的发展具有先天优势,体育产业发展与其他产业的发展形成良性的促进关系。其产业发展进程总是以结构优化带动产业升级为主要发展形势。同时,其产业结构的高度化表现较为显著,体育产业结构布局合理,彼此关联较高,产业链条完整,产值结构、资产结构以及中间要素结构等较为协调。而且体育服务业占比优势明显,这代表着西方发达国家的结构升级已经取得了重要的成果。

3. 坚持以资本创新求效益

资本是产业发展的直接推动力,在拓展体育产业过程中,应该大胆融资,并积极求变,争取通过创新带来经济效益。体育产业资本化大规模走上公开市场成为必然的趋势。但放眼国内 A 股市场,体育产业概念股与发达国家相比,不仅所占比例和市值都不高,体育产业回报率也偏低,从发达国家的发展趋势来看,我国体育产业资本市场要想走出困境,必须以资本创新求效益。

（1）建立多元的投资机制

实现资本创新,首先需要从增加准入领域、扩大准入空间、创造准入条件开始,这是提升产业投资环境的重要环节,是调动广大企业的体育产业积极性,从而释放出大量的产业发展空间。

（2）形成系统的联动机制

产业系统的联动是指,对体育产业展开一系列的资本支持政策,从财政、金融、税收、信用担保等多个方面同时着手,打通体育产业发展的任督二脉,在政策的引导下,形成资本市场各个环节的高效联动。

第五章 区域一体化背景下长三角体育产业高质量协同发展研究

在全球化与区域一体化不断深化的时代背景下,体育产业作为现代服务业的重要组成部分,不仅承载着促进健康、提高生活质量的重要使命,更是推动区域经济增长、优化产业结构、增强城市竞争力的重要力量。长三角地区是我国经济发展的重要引擎和区域一体化战略的先行示范区,其体育产业的高质量协同发展对于提升区域整体竞争力、实现体育产业转型升级具有重要意义。

随着人们生活水平的提高和健康意识的增强,体育产业正迎来前所未有的发展机遇。长三角地区凭借其得天独厚的地理优势、经济基础和人口规模,在体育产业发展上展现出强大的潜力和活力。然而,面对区域一体化带来的新机遇与挑战,长三角体育产业如何实现资源共享、优势互补,形成协同发展新格局,成为当前亟待解决的问题。

第一节 区域一体化背景下长三角体育产业高质量协同发展的机制研究

一、体育产业的政策现状

所谓体育产业政策是指为了能够顺利实现国民经济以及社会发展

目标,政府和体育主管部门根据体育产业发展的自身特点及客观要求,通过运用一系列的政策工具和经济手段,对体育产业的形成和发展进行规划、干预和引导的一种经济政策。梳理体育产业政策及其作用,有利于了解中央政府体育主管部门对我国体育产业的布局与规划,为后续的体育产业布局提供参考与借鉴。

（一）体育产业政策梳理

在西方发达国家,体育产业已逐渐成为国民经济的支柱产业之一。纵观发达国家体育产业发展经验,产业政策在其中起着重要作用。体育产业政策是在市场经济基础上,政府为了优化资源配置、克服市场缺陷或不完善、增强产业竞争力而制定的有关产业未来发展的一系列政策和法规的总和。在经济全球化、区域一体化的大背景下,许多国家和地区都把如何统筹区域经济、加强区域经济合作上升到国家和地区发展的高度来对待,把区域经济合作发展当作一项重要国策给予特别的重视,而区域产业协调发展则是区域经济合作、实现区域一体化发展的重点。2008年,国务院审议通过了《关于进一步推进长江三角洲地区改革开放和经济社会发展的指导意见》,把"长三角一体化"的学术概念正式上升到国家层面的战略决策,提出了加快调整产业结构,构建具有国际竞争力的区域创新体系,积极推进重大基础设施一体化建设,推进教育、卫生、文化、体育等社会事业发展等要求。

我国体育产业于20世纪90年代开始初步发展,与发达国家的体育产业相比较还处于产业发展的幼稚期。虽然体育产业增加值增长速度较快,但是在国民经济中的贡献率极低。从理论上来讲,体育产业属于新兴的朝阳产业,当社会经济文化水平发展到一定程度,能带动大众体育、休闲体育兴起时,体育产业中蕴藏的巨大商机会得以发掘。国务院、国家体育总局为推动体育产业的发展出台了相关意见、规划。2010年,国务院出台了《国务院办公厅关于加快发展体育产业的指导意见》,其明确指出:"加强对体育产业发展的区域布局,根据不同地区的比较优势和经济社会发展的实际情况,合理规划,促进形成体育产业发展的聚集区、示范区和城市发展功能区,协调不同地区的体育产业发展。"明确指出,今后10年的体育产业发展的重点工作任务包括大力发展体育健身市场、努力开发体育竞赛和体育表演市场、积极培育体育中介市场、做大做强体育用品业、大力促进体育服务贸易、协调推进体育产业与相关产业互动发展。为了确保实现体育产业的发展目标,国务院提出七条体育产业发展的政策及措施,具体包括加大投融资支持力度、完善税费优惠政策、加强公共体育设施建设和管理、支持和规范职业体育发展、加强体育无形资产开发保护、加快体育市场法制化及规范化建设、加快体育产业管理人才培养。国家体育总局2011年4月29日印发了《体育产业"十二五"规划》,首次明确提出了量化指标,"十二五"期间体育产业增加值以平均每年15%以上的速度增长,到"十二五"末期,体育产业增加值超过4000亿元人民币,占国内生产总值的比重超过0.7%,从业人员超过400万,体育产业成为国民经济的重要增长点之一。

在国务院颁布体育产业指导意见后,各级地方政府也先后制定了体育产业发展的相应规划,并制定了相应的实施细则。在《体育事业发展"十二五"规划》《体育产业"十二五"规划》指导下,上海、北京、江苏、浙江、福建等省市相继出台了地方的"十二五"规划,制定了相对具体可操作的政策措施。各级政府加快开发体育产业的速度,并逐步把体育产业纳入整体的社会经济发展规划,这对我国体育产业的进一步发展提供了有效保证。

2012年11月24日在上海召开的长三角地区体育产业工作座谈会,旨在推进长江三角洲地区体育产业科学发展、率先发展和一体化发展,其间共同发起建立"长江三角洲地区体育产业发展联席会议制度",拟通过专业协调组织加强长三角区域内体育产业的多方位合作,从而推进长三角体育产业一体化发展进程,提高长三角地区体育产业的市场竞争力。2013年11月10日,两省一市正式签订《长三角地区体育产业协作协议》,明确了协作宗旨与协作原则,确定了"十二五"期间两省一市体育局共同推进区域产业规划衔接和联动发展,拓展区域体育产业市场,建立互惠、互联、互通的合作机制,构建体育产业创新政策体系,推进公共服务平台建设,规范长三角体育市场有序发展等协作内容。随着《长三角地区体育产业协作协议》的签订和实行,长三角体育产业区域发展进程进一步加快。

2014年,国务院印发了《关于加快发展体育产业促进体育消费的若干意见》(以下简称《意见》),部署推动体育产业成为经济转型升级的重要力量,把体育产业作为绿色产业、朝阳产业进行扶持,要求各地要将发展体育产业、促进体育消费纳入国民经济和社会发展规划,纳入政府重要议事日程,建立多部门工作协调机制。《意见》明确提出,要建立区域间协同发展机制,壮大长三角、珠三角、京津冀及海峡西岸等体育产业集群,打造一批国家级体育产业基地。

为了加快推进体育强国建设,充分发挥体育产业在扩大内需、助力构建新发展格局中的重要作用,国家及长三角地区各省(直辖市)出台了一系列政策措施,引导产业发展向"高质量"迈进,如2012年,长三角体育产业一体化尝试先行先试,于2014年正式形成"三省一市一校"稳定的合作框架,并共同签署了《长三角地区体育产业协作协议》。2016年,《体育产业发展"十三五"规划》中明确了"加快区域体育产业协调发展"的任务,并提出"积极推动以环渤海、长三角、珠三角为代表的沿海发达地区将体育产业培育成为地区支柱性产业"的具体发展策略。此后,长三角两省一市分别出台了《江苏"十三五"体育产业发展规划》《浙江省体育产业发展"十三五"规划》《上海市体育产业发展实施方案(2016—2020年)》,对长三角体育产业的发展进行了全局性的谋划,并在充分分析区域资源优势的基础上给出了发展规划,以协调各体育生产部门之间的关系和体育经济部门与其他产业部门的关系,从而促进体育产业发展,实现区域体育经济的可持续发展。2018年,体育产业协作会签订五方协作协议,明确协作宗旨、协作原则、协作机制、协作内容和保障举措,确保具体项目协调有序落实。2019年,三省一市一校通过了《长三角地区体育产业一体化发展三年行动计划(2018—2020年)》,作为长三角地区一体化发展路线图。2021年3月,三省一市体育局审议通过了《长三角地区体育产业一体化发展规划(2021—2025年)》。同年12月,三省一市体育局签订《长三角地区体育产业协作协议(2021—2025)》,标志着长三角体育产业协作迈入高质量一体化新阶段。

从政策变迁来看,无论是中央政府的相关政策,还是地方政府的政策,从产业发展的角度看,在体育政策内容上,均将体育竞赛表演业、健身休闲业作为未来体育产业发展的主导产业,寄希望于主导产业的发展带动体育相关产业的发展,而且各地方政府都把体育彩票的销售工作作为体育产业的重要部分,明确了体育彩票收入对于公共体育事业的支持作用。从产业运行的角度看,在计划实施的保障措施上,中央政府及各地方政府都把加大财政支持力度,加快体育公共设施的建设,深化体育投融资体制改革,培养高素质的体育产业专业人才,深化体育行政事业改革,明晰产权,加强体育无形资产的开发等作为实施体育产业规划的保障措施。从产业布局角度看,中央政府体育主管部门并没有明确的规划,需形成与我国经济布局相应的体育产业布局,出台跨地区的体育产业发展布局政策。

（二）体育产业政策对长三角体育产业高质量协同发展的作用

1.促进长三角体育产业结构合理化与高度化

体育产业结构是动态变化的,这与体育产业政策的影响有直接关系。体育产业不同部门之间的资源调配受到诸多因素的影响,不仅包括产业政策因素,还包括各部门间的关系、市场需求结构的变化、产业结构与需求结构的匹配度等因素。长三角体育产业政策的制定是从长三角经济发展的全局视角和宏观高度出发的,并以市场供需结构及变化趋势为依据,产业政策中涉及的手段不仅有经济手段,还有法律手段、行政手段等。通过采取这些手段,可以使社会资源在不同部门之间的分配趋于合理,使不同部门之间保持恰当的关系。

2.弥补市场缺陷,有效配置资源

市场调节存在自身的不足与缺陷,这就需要政府通过宏观调控来予以弥补。制定长三角体育产业政策是政府进行宏观调控的主要方式之一,这是很多地区都普遍采用的调控手段。

我们必须承认,市场机制的局限性是客观事实,市场机制并不是任何时刻都可以有效配置资源,有些客观现象严重影响了市场价格机制在资源配置中发挥作用,如不完全竞争、垄断等,对于个别企业,市场机制的作用也难以得到充分发挥,如提供公共物品的企业。面对长三角地区存在的市场失灵的问题,政府主要采取产业政策手段加以干预和弥补,促进资源优化配置,促进经济运行效率的提升。市场失灵的问题严重影响了产业发展效率,造成了经济损失,而针对长三角体育产业问题科学制定体育产业政策,将政府调控和市场配置有机结合起来,能够弥补市场失灵,缓解市场失灵造成的后果,实现长三角体育产业的高度化发展目标。

3. 实现长三角体育产业超常规发展,缩短赶超时间

长三角地区积极扩大体育产业规模,提升体育产业的技术水平,提升区域体育产业的影响力。但要取得良好的效果不能只依赖市场机制,这是一个长期的过程,是需要政府调控与市场调节协同发挥作用的,政府出手干预比单纯依靠市场调节更能加快长三角体育产业的发展速度,使长三角体育产业水平赶超其他地区。

二、长三角体育产业布局与竞争力现状

(一)区域体育产业布局

区域体育产业布局主要是指体育产业的地区性分配与布置。我们研究区域体育产业布局,要对整个区域的体育产业结构及其演变予以关注,并且要重视不同体育产业的空间布局方式及不同布局对产业绩效产生的影响,如果只是从微观上关注体育企业的选址、个别资源的调配等,则不利于整个区域的发展。

(二)区域体育产业布局的影响因素

区域体育产业布局会受到诸多因素的影响,下面重点分析几项主要影响因素。

1. 自然因素

区域体育产业的分布与配置直接受本区域自然环境、自然资源等自然因素的影响。在体育产业布局形成的过程中,自然环境、自然资源作为不可或缺的物质基础和先决条件发挥着重要的作用。它们是体育产业开发中非常重要的体育自然资源,有的自然资源(如冰雪、水、山等)是最直接的生产要素,在体育活动的开展中可以直接利用,有的自然资源需要经过加工才能运用到体育活动中。这些从自然界直接拿来使用或间接开发后使用的资源不管是否经过人类劳动加工,都是体育产业发展中不可缺少的生产要素。

在区域内开发登山、冲浪、滑雪、滑冰等体育项目,必然会涉及对山地、水域、冰雪等自然资源的开发利用。这些体育自然资源是开发体育项目的必要条件,如果要将这些项目开发成体育旅游项目,那么这些自然资源便是体育旅游产业开发的重要物质基础与载体。

因为区域体育产业开发中生产效率、产品质量等都直接或间接地受区域自然因素的影响,所以在区域体育产业布局方面要根据市场规律和区域实际情况集中于自然条件优越、自然资源丰富的地区。

2. 经济区位

在区域体育产业布局中,区位优越、交通发达、信息联系便捷等优势条件无疑能够带来积极的影响。区位条件优越的地区本身经济潜力就比较大,所以在产业布局中要尽可能将交通便利、市场广阔等区位条件优越的地区作为首选。利用交通便利的优势,可以顺利从其他地区运输原材料和能源,节约运费成本,利用市场广阔的优势,可以就近销售体育产品。利用信息发达的优势,可以对市场需求及时了解,有针对性地进行产品结构的调整,紧跟消费市场的潮流,满足大众的体育消费需求。总之,在区位条件优越的地区进行体育产业布局与开发,有利于打造体育产业集聚区,促进区域体育产业的集群化发展。

3. 技术因素

在区域生产力结构中,技术条件是非常重要的因素之一,其对区域体育产业布局的影响很大。随着区域技术的不断发展,区域的原料、动力资源越来越丰富,自然资源的生产与加工水平也不断提升,再加上输电、运输、工艺等各项技术的日益进步,运费成本得以降低,能源的远距离输送范围进一步扩大,这就解决了区域体育产业布局的时空障碍问题,区域体育产业布局的面貌也发生了良好的改变。

区域技术条件的改善也促进了区域体育资源开发利用效率的提升,实现了从单一体育产品生产区向多元体育产品综合生产区的转变,区域体育产业的从业者也不断增加,产业产值大幅度提升,产业结构不断得到优化,久而久之,区域体育产业结构与布局逐渐与本区域不断优化的生产生活方式相适应,极大地满足了区域内群众的体育需求。

4. 市场因素

在市场经济体制下,区域体育产业布局必然会受到市场需求的影响,市场对产品的需求直接影响地区、地点布局和厂址的选择。如果产业布局低于"门槛"需求量,则无法取得理想的布局效果。所以,要确保区域体育产业布局的可行性和布局效果,就必须以产品的市场需求容量为前提进行产业布局,从而形成强大的空间引力。要做到这一点,就要对目标市场有清晰的了解,对企业生产供应能力和潜在优势有准确的把握,这样可以防止布局重复和产品积压。体育竞赛商业的市场布局尤其要考虑市场因素,因为它具有生产和消费同时性的特征,所以对市场的各种要求都高于其他产业,必须从战略高度充分考虑区域市场的产品需求量、实际行情,才能确保与市场需求的高度匹配。

区域体育产业布局还会受到市场竞争的影响,产业的集聚、专业化协作都是合理市场竞争驱动下的结果。在市场竞争环境中,地区或企业的专业化程度越高,竞争力就越强,所处的市场地位就越好。专业化协作是市场竞争驱动下区域体育产业发展的一个重要方向,加强专业化协作能够促进新技术的推广、劳动生产率的提高和产品质量的优化。

此外,企业生产的合理聚集也与市场竞争密切关联。生产综合体或产业集团往往规模大、技术好,经济实力强,所以和单个企业相比,企业的集聚经济效益更好,贯彻合理集聚的原则进行区域体育产业布局能够获得良好的集聚经济效益。与此同时,企业布局指向对商品流通更有利的适宜区位,也需要市场竞争的引导和刺激,在产业布局中若要使产品进入市场的合理区位,就要考虑路线是否最短,用时是否最少,经费成本是否最低,等等,只有这些方面都达到要求,企业产品才能更快、更顺利地进入目标市场。

区域体育产业布局除了受上述因素的影响以外,还受到人口、劳动力资源、经济管理体制、国家宏观调控、法律、政策因素、金融、基础设施等因素的影响。不同因素对产业布局的影响程度不同,在产业布局中要优先考虑当下影响最大的因素,充分发挥积极因素的作用,避免不良因素的影响,使产业布局达到最优化。

（三）区域体育产业布局的基本要求

在区域体育产业布局方面,要尽可能促进经济效益得到最大化的提升,使区域内体育消费者的需求得到满足,这是最基本的原则。除此之外,还要考虑如下几项要求。

1.适应社会经济发展的总目标

区域体育产业的发展不是孤立的,它是国民经济的重要组成部分,体育产业本身也与其他产业存在紧密的关联,如旅游业、文化产业、健康产业等。大力发展区域体育产业,可以带动区域内其他关联产业或行业的发展,也能促进国民经济的发展。区域体育产业的布局要从宏观上考虑国家的长远利益,要树立大局观,将整体与局部、重点与一般、长远利益与近期利益的关系处理好。

区域体育产业在一定时期内的发展会受到当下国家经济发展水平和区域经济建设规模的影响,因而要在社会经济或区域经济的宏观发展规划中纳入区域体育产业发展的相关内容,并将其作为社会经济建设的一部分,这样区域体育产业布局就能适应社会经济发展的总目标、总要求,防止偏离大方向和脱离社会经济发展轨道。

2.统筹规划,择优开发,兼顾一般

在区域体育产业布局规划中必须先分析区域体育资源状况,然后在比较利益论的指导下开发区域体育产业,加强统筹规划,并严格遵循择优开发、兼顾一般的原则。择优开发是为了保证体育主导产业的发展,促进重点地区体育产业的发展和重点体育产业项目的开发,开发重点产业项目往往能较快获得发展效益。兼顾一般是指要开发一般体育资源,满足大众消费者的基本需求①。

无论是政府,还是企业,都要贯彻宏观布局、择优开发、兼顾一般的产业布局原则,从而满足不同层次消费者的体育需求,促进区域体育产业的协调发展。

① 沈震.区域环境下体育产业一体化发展研究[M].北京：中国建材工业出版社,2019.

3. 因地制宜,开发特色产业

不同地区因为自然环境、社会历史环境的影响而形成了不同的产业发展特点,也形成了不同的自然资源特色,体育资源同样呈现出地域性特征。各地要依托本地的特色体育资源进行体育产业开发,加强对特色体育自然资源的开发利用,突出地方文化特色、历史特色和自然特色,这对于区域体育产业品牌的形成及长远发展具有重要意义。

4. 不同体育产业要相互协调、相互促进

区域体育产业是一定区域范围内为人们提供体育服务的综合性很强的行业,它能够为人们提供休闲体育场所来组织休闲体育活动,提供休闲享受服务和休闲体育产品,激发人们的消费热情,满足消费者的需求。这是体育产业得以发展和受到人们认可的关键。在区域体育产业开发与布局中,要充分发挥区域体育资源优势,加强体育基础设施建设,开发重点项目和活动,依托资源优势开发特色产业,并确保区域内体育主导产业和非主导产业布局合理,能够相互协调,相互促进,形成协调、优化的空间布局结构。

(四)区域体育产业布局的层次

区域体育产业布局大体可以分为宏观布局、区域布局和微观布局三个环节,下面逐一分析。

1. 宏观布局

宏观布局是指在全国产业战略规划下考虑区域体育产业的布局,将区域体育产业布局作为"一盘棋"(全国产业、体育产业布局)的重要环节之一。区域体育产业布局要与国家经济发展的战略部署、区域经济建设的战略目标保持一致,这就要求对区域体育产业开发的基本条件进行综合分析,在全局理论下制定发展战略,明确发展方向,按照国家体育产业发展规划和区域实际情况来确定哪些是重点开发区域,哪些是非重点开发区域,使区域体育产业布局合理,取得良好的宏观经济效益和社会效益,并能兼顾生态环境效益,走可持续发展之路。

从宏观上进行区域体育产业布局,需要对以下内容进行全方位研究

和综合考虑。

第一,区域与周边地区的经济发展水平、居民生活水平、居民消费水平和消费特征。

第二,区域体育资源的分布情况、有哪些特色体育资源、体育资源的开发价值与现状。

第三,区域体育市场的分布和客源量大小。

第四,区域基础体育设施的建设情况及体育前后关联产业的发展状况。

第五,区域居民年度体育消费在总消费中所占的比重。

第六,对周边地区体育资源的开发利用情况。

第七,全国体育产业分布特点和布局的主要问题。

2. 区域布局

在区域体育产业布局中,区域布局属于中间环节。在区域布局中,要以宏观布局蓝图为依据,做好下列"三个确定"。首先,确定区域体育产业开发方向、开发目标、开发规模;其次,确定区域内各体育项目开发时间、地点、顺序;最后,确定区域内相关产业如制造业、传媒业、旅游业等产业分布。

要考虑体育产业的区域布局与区域性的基础设施建设、经济建设、城市建设、产业空间结构及区域内不同地区之间的联系等,在综合考虑区域内各相关因素的基础上构建一张区域网络,在特定的区域网下开发体育产业,完善产业布局。

3. 微观布局

微观布局是区域体育产业布局最基本的环节,具体包括体育项目的开发、体育产品的生产、体育服务的提供、体育活动的开展等。在这个环节的布局中,要以宏观布局、区域布局为依据和参考,将产业布局与开发工作有序落实,并具体到体育企业布局上,选择最优企业区位,确保体育企业经济效益的最大化。

在区域企业布局中要遵循市场发展规律,尤其是市场竞争准则,分析企业的比较优势,尤其是区位条件优势和资源优势,这些优势直接影响企业的市场地位、市场份额、劳动生产力。进行企业布局决策,要以利益最大化为第一目标,并综合考虑企业的区位优势和资源优势,继续扩大和强化优势,形成优势合力,以期以最合理的布局取得最佳发展效果。

（五）区域体育产业竞争力提升的关键着眼点

1. 合理开发区域体育产业

一般来说,在区域体育产业开发中,要基于区域经济发展的方针政策、区域长远发展战略规划来确定开发思路,要在符合区域实际情况的前提下因地制宜地开发,产业开发既要实事求是,又要具有创造性。这就要求在区域体育产业开发中严格贯彻以下几项重要原则。

（1）预见性原则

进行区域体育产业开发要以科学分析为基础和前提,并且要求进行有预见性的分析,但它绝不是脱离实际的凭空想象,预见性分析能够给产业开发者带来动力,振奋精神,同时能对产业开发者施加一定的压力,使开发者将压力转化为动力,通过不断的努力去达到预期目标。

（2）可行性原则

区域体育产业开发人员要先对区域的实际情况进行客观、认真的分析,对区域所处的发展阶段非常明确,对区域经济运行规律有清晰的掌握,从而立足区域实际,分析区域体育产业发展的优势与劣势,然后确定可行性强的开发思路和计划。

（3）阶段性原则

在区域体育产业开发中要立足长远,放眼未来,对区域体育产业发展的延续性予以充分考虑,保证上一个阶段实施的体育产业开发战略能够为下一阶段区域体育产业的发展打好基础,从而通过逐步实现阶段性发展目标来实现长远发展目标。如果确定的开发思路能够实现本阶段的发展目标,但是会对长远利益造成影响,那么这样以损害长远利益为代价的开发思路就是不科学的,是错误的。所以,在区域体育产业开发中要遵循阶段性原则,既要对本阶段的发展方向、发展重难点有准确的把握,又不能因为阶段发展目标过高而对长远发展之计造成不良影响。

（4）独立性原则

每个区域都具有层次性和系统性,而且是更大范围区域的组成部分之一,所以开发区域体育产业要先深入研究区域系统和区域层次,将个别区域与大区域的关系处理好,并以相对独立的思路将各区域的资源优势充分利用起来开发体育产业。这样也能强化独立区域体育产业对周边地区的辐射功能，产生良好的带动作用，最终促进大区域体育产业的整体发展，实现更宏伟的产业发展目标。

2. 我国区域体育产业开发的基本思路

（1）站在发展国民经济的高度开发区域体育产业

现在，很多国家都非常重视开发体育产业，体育产业收益在国民经济中的比重逐渐增加，成为国民经济的新增长点，对国家经济发展起到非常重要的推动作用。和体育强国尤其是体育产业发达国家相比，我国体育产业的发展水平、发展速度都是滞后的，差距比较明显。但随着我国经济、文化等各方面的不断发展，人民的健康意识、生活观念不断改善，将会产生越来越大的、强烈的、高层次的体育消费需求，所以说我国体育产业的发展潜力是巨大的。现阶段，我国应在促进国民经济发展的高度上进行体育产业开发，促进体育产业规模的扩大，不断扩大内需，刺激消费，发挥体育产业对拉动国民经济增长的重要作用。

（2）在政府主导下走市场发展之路

我国体育产业兴起的时间比较晚，发展还不成熟，结合我国社会主义初级阶段的国情，在体育产业发展中需要走政府主导型的市场发展道路，主要原因有以下几点：

第一，我国市场经济体系和市场运行机制有待健全与完善。

第二，我国目前需要政府用政策、法律、资金来支持与保障尚不成熟的体育产业。

第三，我国体育产业的发展建立在国有、国办体育事业发展的基础上，我国体育产业的水平和层次还不够高，需要政府进行物质投资和培育人力资源，充分发挥政府的主导作用。而且从对国有资产加以维护的角度来看理应如此。

基于以上分析，政府应在我国区域体育产业开发与发展中充分发挥主导作用，做好产业开发引导、长远规划、政策扶持、市场规范等工作，但不能过分干预体育产业的市场化发展，要引导体育产业按市场规律发展。

（3）采取梯度发展战略

我国体育产业起步晚，还处于初级发展阶段，所以从我国的国情、体育产业的发展现状来看，适合实施梯度发展战略，在该战略中要明确产业开发的重点,找准产业开发的难点,并找准开发的切入点和关键突破口,以点带面,循序推进。

3. 构建区域体育产业的"点—轴—面"开发模式

(1)不同经济开发布局模式

经济发展水平不同的地区处于不同的经济发展阶段,如经济不发达地区处于点状经济发展阶段,中等发达地区处于轴线经济发展阶段,经济发达地区处于全面经济发展阶段。范围大的地区其经济发展水平和特征很难用一种经济发展阶段来准确概括,所以往往是不同经济发展阶段同时存在。处于不同经济发展阶段的地区在经济开发布局模式上也有不同的特点,各地必须从实际经济水平出发选择适合自己的开发布局模式,防止超前或滞后。以上三个经济发展阶段对应的经济开发布局模式分别是点状开发模式、轴线开发模式和全面开发模式。下面简单分析这三种开发模式。

①点状开发模式

在点状经济开发模式下,可以将区域的中心城市作为经济开发的重心,可以将促进中心城市规模的扩大并使之达到最佳规模作为开发的任务。这种模式下的经济开发将产生鲜明的极化效应,聚集经济大力发展,为推动区域经济发展,要不断致力于促进中心城市经济实力的提升。

②轴线开发模式

在轴线开发模式下,可以将区域内重大中心城市之间具有明显优势的轴线地带(资源丰富、交通便利等)作为经济开发的重心,可以将"以点带线",配置新的增长极点,逐步促进产业密集带的形成作为经济开发的主要任务。此时,集聚经济仍然是主要经济活动,为推动区域经济发展,要不断促进轴线地带经济开发与实力的提升。

③全面开发模式

处于全面经济发展阶段的地区一般经济实力强大,在区域经济开发中采用全面开发模式就是要将消除区域内各地区之间的差异作为开发的重点,在区域内全面铺开进行经济开发,以消聚经济为主要经济活动,为促进区域经济稳定发展和持续增长,需在全区域内全面推进经济建设。在区域经济全面开发的过程中,还要不断创造条件来培植新的经济增长点,为新一轮的经济增长打好基础。

（2）"点—轴—面"开发模式

区域体育产业开发属于区域经济开发的范畴,在区域体育产业开发中同样可以参考区域经济开发的理论。从我国区域体育产业的开发与发展现状来看,比较适用的产业开发模式是"点—轴—面"开发模式。现阶段,我国体育产业发展较好的区域如京津冀、珠三角、长三角等,基本都采用"点—轴—面"体育产业开发模式。起初,只是在区域内的一两个中心城市重点开发体育产业,后来随着区域经济的不断发展,体育产业开发逐渐向整个区域扩展,构建全区域体育产业全面开发的宏观格局。

中西部区域体育产业开发也可以借鉴"点—轴—面"这一产业开发模式,优先在资源丰富、交通便利、有明显优势的中心城市开发体育产业,作为"点—轴—面"模式中的"点",之后随着中心城市体育产业的不断成熟,逐渐在点与点之间的次级城市形成点轴产业带,开发产业带上的体育产业,进而拉动区域体育产业的全面发展。

4.充分整合区域体育产业资源

（1）明确区域体育产业资源整合的发展取向

①发挥市场机制的作用

在体育产业资源配置中,市场机制具有决定性的影响,只有充分发挥市场的功能与作用,才能快速发展体育产业。因此,促进资源配置的市场化是我们推动体育产业整合不断优化与发展的首要着眼点。明晰资源产权、资源自由流动是实现资源配置市场化的根本前提。

②建立与优化以体育服务业为主导的体育产业结构

我国经济发展水平在不断提高,体育消费结构也在逐渐改变,对此,我们必须相应地调整体育产业结构,在原有结构基础上实现优化与升级,这主要从两个方面来进行:

一方面,要推动体育用品制造业的进一步发展,通过对资源的合理配置来对国际竞争优势突出的知名民族自主品牌进行创建。

另一方面,对体育服务业的发展予以高度重视,服务行业的快速发展对于推动相关产业（如场地租赁、体育用品、教育培训、旅游餐饮、广告宣传等）的进一步发展有积极的影响。

③协调体育产业的经济效益与社会效益

在市场经济条件下,我们必须以市场机制为主导来整合体育产业资源。总的来说,资源配置的方向受市场需求的引导。因此,要想实现体育产业又好又快的发展,就必须利用市场机制来整合体育产业资源,这样不仅可以使人民群众不断增长的体育消费需求得到满足,还能使体育产业坚持服务群众的大方向得以实现,而且能够有机协调体育产业的经济效益与社会效益。

（2）发展体育产业集群,创新区域体育产业资源整合的模式

产业集群并不是指简单的企业集群,体育产业集群也非体育相关企业的简单集群。地域性、时空性、生产性、关联性等特征在体育产业集群中有突出的表现,体育产业集群能够对体育产业的分工与专业化进行改善。体育产业集群的基本构成单位如图5-1所示。

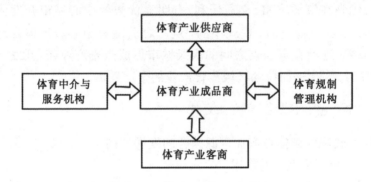

图 5-1 体育产业集群的基本构成

5.利用现代技术助推体育产业发展

区域体育产业的发展离不开现代信息技术的推进。在互联网时代,信息技术与体育产业的融合越来越深入,社会经济发展的新潮流如共享经济、互联网经济、大数据经济等为区域体育产业的发展与传播提供了良好的环境。加强信息技术与区域体育产业的融合,能够使区域特色体育产业的发展渠道更加宽广、开阔,并实现线上与线下共同发展的目标。

在传播体育知识、体育信息、体育文化方面,互联网作为信息时代的载体发挥了重要的作用,发展区域体育产业,尤其是打造优势体育产业,尤其要发挥互联网的传播作用。利用互联网手段增强传播意识并提高服务质量,及时传播体育信息,可以为消费者获取知识、掌握信息、学习技能、观赏赛事提供便利,从而扩大消费市场,拉动区域经济发展。总之,

在互联网背景下要加强高新技术在区域体育产业培育与发展中的应用。

6.加强特色体育产业的发展

我国地域广阔,不同地区有自己丰富的自然资源和人文资源,各地可结合自身经济、区位、资源等现状开发具有本土特色的体育产业,并将其发展为本地的优势体育产业。例如,经济发达、人口基数大、人才集聚多的地方在开发体育竞赛表演、体育培训等产业方面具有优势,可以借助有利条件打造品牌体育赛事。此外,在自然条件优越的地区,可以结合实际情况开发休闲体育产业,并以休闲体育旅游为主。同时,可以将体育赛事与旅游结合起来,以赛事促旅游,以旅游促赛事,形成协同发展局面。当前,我国需重点加强与"一带一路"共建国家和地区的体育文化交流,加强体育合作,提高区域体育产业协同发展效应,并大力推进优势体育产业创新,促进优势体育产业服务质量的提升和品牌质量的改进,并在现有基础上对新生品牌进行创造,使特色体育产品的附加值得以提高,促进消费者需求的进一步满足。

7.引进专业人才

任何行业的发展都离不开人才,社会发展与创新是以人才为第一要素的。对优秀的专业人才进行培养,能够促进社会不同专业领域的发展。区域体育产业的发展同样离不开对优秀人才的培养,通过进行专业人才培养,充分整合体育产业资源与文化资源,可以使优势产业的发展空间进一步拓展,进而推动优势体育产业现代化发展水平的提高。

为高质量发展区域体育产业,将专业人才吸纳到区域体育产业领域中来,需要制订人才培养与引进计划,解决当前区域体育产业人才队伍培养中的主要问题,并加强不同区域体育人才的相互交流与合作,使其取长补短,学习先进专业知识,为本区域体育产业的发展作出贡献,最终促进区域经济的进一步发展。

8.推动区域体育产业联动发展

产业的分化经过长期的发展,逐渐演变为产业融合。随着体育产业的不断深入发展,产业融合的发展趋势也越来越突出。体育产业融合主要分为产业内部的重组融合和产业间的延伸融合两种形式。前者会促进团队优势互补,有利于企业内部资源的有效整合和产业结构的升级。

后者是指体育产业与其他相关产业融合,使体育产品的附加值提高。体育产业融合模式如图 5-2 所示。

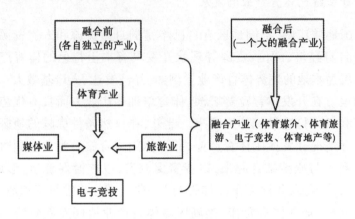

图 5-2　体育产业融合模式

　　这里以体育产业和旅游产业的融合为例来进行分析。体育旅游业是体育旅游产业的重要组成部分,是一些区域重点发展的体育产业。由体育产业、旅游产业互相融合而形成的体育旅游产业既能够满足人们的旅游需求,也能满足人们的体育参与需求,有体育参与动机和旅游动机的消费者选择体育旅游能够同时满足两方面的需求,享受良好的运动与休闲体验,使自身的显性和隐性动机在同一旅游项目中得以体现。

　　体育旅游中有一种特殊的项目,即体育赛事旅游。体育旅游者在旅游的同时可以观赏体育赛事,前往旅游目的地观赏赛事能够给旅游者带来深刻的休闲体验和精神享受。体育旅游中的观光旅游、户外运动旅游等项目能够使旅游者在身体感知大自然的同时获得良好的身心满足感,一些具有挑战性的旅游项目更是使旅游者在旅游活动中体会体育旅游带来的酣畅淋漓与无尽魅力。

　　当前,我国区域体育产业自身定位不够广泛,与其他娱乐产业相比还有一定的差距。电影、唱歌等娱乐产业项目基本实现了大众化,而且这些项目在发展中主要走娱乐化之路,能够使人们的娱乐需求得到满足。相对来说,体育更为专业一些,其娱乐性不及常见的娱乐项目,在文娱产业市场中,体育不具备竞争优势,很多人因为体育的专业性较强而不愿参与其中。因此,要发展体育产业,就要将娱乐的、旅游的元素融入其中,丰富体育产业的内容,创造多元化的体育娱乐和体育旅游产品,促进产业市场占有率的提高,如此才能使体育产业获得更广阔的发展空间,在文娱市场和旅游市场中发挥竞争优势。

目前,我国部分体育产业缺乏开放性、规模性,体育部门应与地方相关部门协商,在市场经济环境下适当整合产业,实行兼并策略,促进体育产业架构的健全,以持续发展体育产业。在构建体育产业发展架构时,尤其要关注其与旅游业的融合与协调发展,扩大体育产业的规模,促进地方经济结构的优化升级,这也是促进旅游业内涵不断丰富的重要举措。总之,体育产业与旅游产业的协同发展能够产生巨大的力量。

此外,区域体育产业还要与区域产业结构升级相融合。区域体育产业发展对区域产业结构升级具有重要影响,如区域体育赛事产业的发展能够促进区域体育基础设施建设的改进与优化,从而对其他相关产业的发展与优化起到积极的促进作用。区域体育产业的发展与区域产业结构的优化是相互促进、互利共赢的,调整与优化区域产业结构能够促进体育产业发展空间的扩大。区域体育产业集群的形成与扩大对区域产业结构升级、区域产业规模的扩大具有重要意义,加快区域体育产业发展能够使区域产业结构布局更加合理,使区域经济进一步发展。区域体育产业的发展使区域产业结构的调整迎来了良好的机遇,但也面临着新的挑战,在机遇与挑战并存的当下,要推动区域体育产业与区域产业结构调整的深度融合发展,这样能够使区域居民对高质量生活的需求得到充分的满足。

三、长三角体育产业高质量协同发展的理论基础与条件

(一)理论基础

1.共同市场理论

共同市场理论是国际区域经济一体化理论中的一个基础理论,在关税同盟和自由贸易区方面,该理论的思想进步非常明显。共同市场理论提出,区域商品自由流动存在一定的障碍,生产要素的自由流动也存在一些壁垒,区域成员要消除这些障碍和壁垒,共同建立一个自由共同市场,使生产要素和商品能够在市场中自由流动。建立共同市场后,在区域内能够使商品生产按照可能的生产线重新组合,从而提升区内资源配

置效率,这也能够促进生产量和贸易量的扩大,进而推动区域内的生产线对外扩张,进一步促进区域经济发展。

共同市场理论在欧盟区域经济一体化的实践应用中积累了丰富的经验,也取得了很大的成功,但应用于国际区域经济一体化中的情况甚少,主要原因是要在自由贸易区或关税联盟的基础上应用共同市场理论,而且要求成员国经济发展处于比较一致的阶段。随着共同市场理论的不断发展与成熟,又有一个新的经济理论从中发展出来,即大市场理论。深入认识共同市场理论和大市场理论,可以为我们深入理解长三角体育产业高质量协同的重要价值、形成机制提供可靠的依据。

在共同市场理论下,长三角地区要改变"三省一市"体育市场相对分割的局面,形成一个统一的大市场,在这个市场中,"三省一市"的体育生产要素和体育商品能够实现自由流动,从而提升长三角体育资源配置效率,实现规模经济效应,这将能够促进长三角区域体育产业高质量协同发展"良性循环"的形成。一旦形成"良性循环",长三角体育产业高质量协同发展的经验模式便能够在其他区域经济中推广,发挥示范带动作用。

2. 新制度经济学理论

作为主流经济学的一个分支,新制度经济学的主要研究对象是产权和制度。该理论创立于 20 世纪 30 年代,创立者是诺贝尔经济学奖获得者科斯,在科斯及威廉姆森、德姆塞茨等众多研究者的共同努力下,新制度经济学形成了众多分支学科的理论体系,主要包括产权经济学(产权理论)、交易费用理论、制度变迁理论等。新制度经济学理论强调制度在经济活动中的重要意义,认为交易成本存在于任何经济活动中,如果交易成本不存在,那么资源的利用率将会很高,之所以要强调制度,就是为了将交易费用降低,为市场运作与经济发展提供便利。20 世纪 80 年代末,新制度经济学进入中国,此后,在中国经济改革的分析与指导中,其成为一个非常重要的理论和方法。而且,新制度经济学有关理论能够较好地解释区域经济一体化及其与全球化的关系,因此有学者在构建与完善区域经济一体化理论体系中将新制度经济学理论纳入其中。

用新制度经济学理论来分析区域经济一体化,能够对区域经济一体化的本质及其形成动因有清晰的认识与准确的理解。新制度经济学理论认为,市场内在缺陷而导致的制度变迁才是区域经济一体化的本质,这是一种强制性制度变迁,在这种变迁中起主导作用的是国家行为或者政府行为。

具体而言,新制度经济学理论认为,市场中的失灵现象普遍存在,市场经济活动中存在"阻力",是不完全市场,主要表现如下:

第一,地区间市场分割及各种限制政策的存在造成了结构性市场失灵,从而增加了跨区域经济活动的成本。

第二,生产要素的职能随着社会生产力的发展越来越专业化,导致"专用性资产"逐渐形成,这使得生产要素跨行业移动的阻力增加,即跨行业的转换成本增加。

在跨区域经济活动中,新的利润来源隐藏在上述两种阻力的背后,如果能够通过制度创新来应对阻力,便能够使市场交易成本降低,从而更加有效地协调市场分工,促进市场经济增长。这也解释了为什么会出现区域经济一体化组织,简单来说,市场结构性失灵所引起的任何可能的潜在利润是区域经济一体化组织出现的根本动因。显然,只依靠市场自身的力量或者从边际着手调整现有制度不可能实现对潜在利润的追求,只有通过制度创新安排,也就是区域经济一体化,才能追求潜在利润。

此外,新制度经济学理论的观点有利于指导我们更好地理解区域经济一体化中的很多现象,如经济一体化进程中的各种障碍与壁垒可以用新制度经济学理论中的交易成本理论去概括和解释,经济一体化进程中政府角色的"双向或二元性"可以用新制度经济学理论中的"诺斯悖论"作解释。新制度经济学理论还提到了"共有信念是制度安排能否继续演进的决定因素",这对我们理解地方政府如何主导长三角体育产业一体化形成与发展具有理论指导价值。

(二)长三角体育产业高质量协同发展的现实条件

"文化同源、地理相近、人文相亲、阶段相近"高度概括了长三角历史、文化、地理、经济等的特征,这些特征为长三角区域经济一体化奠定了客观基础,提供了重要条件。这些天然优势也对长三角体育产业领域的一体化发展发挥了重要作用。除了这些客观存在的基础条件和自然优势以外,随着近些年区域经济一体化发展战略的不断完善和长三角经济的快速发展,长三角体育产业高质量协同发展的发展共识、产业基础、市场基础等越来越稳固、坚实,这也成为长三角体育产业高质量协同发展的重要现实条件,再加上区域发展不平衡的驱动,长三角体育产业高质量协同发展成为必然选择。

1. 发展共识越来越稳固

长三角体育产业高质量协同发展的主要思想基础是达成合作共识,让高质量协同和一体化深入人心。长三角区域经济一体化已是国家发展的重要战略之一,在区域经济一体化相关政策的刺激下,区域体育产业协同发展已是大势所趋,长三角地方政府体育职能部门对此积极响应,通过多次磋商,长三角体育产业协同发展、密切合作已在地方政府部门间达成共识,长三角区域体育产业协同发展的序幕由此拉开。在此基础上,随着长三角地区一批体育合作项目的开展,如长三角运动休闲体验季、环太湖国际公路自行车赛等,长三角体育产业高质量协同发展的参与主体已经扩展到多个层面,包括国有体育产业集团、中小体育企业以及高校。

2018年,《长三角地区一体化发展三年行动计划(2018—2020年)》中纳入了长三角体育产业协同发展,这标志着在长三角经济一体化发展的核心框架中,长三角体育产业协同发展成为其中一项重要任务。2019年底,《长江三角洲区域一体化发展规划纲要》由国务院批准发布,其中也纳入了长三角体育协同发展的内容,这标志着长三角体育产业协同发展已经不是单纯的地方行动了,而是上升到了国家意志的战略层面。2021年3月,长三角"三省一市"体育局审议通过了《长三角地区体育产业一体化发展规划(2021—2025年)》,同年12月"三省一市"体育局签订了《长三角地区体育产业协作协议(2021—2025)》,这两个政策文件的出台标志着长三角体育产业联动迈入了高质量一体化的新阶段。

总体而言,长三角体育产业高质量协同发展共识的达成经历了三个重要阶段,分别是学界探讨阶段、地方推动阶段和国家意志阶段,而且体育产业的区域一体化与高质量协同已深入社会各界(政、产、学、研等)和多个层面(中央、地方等),从而为长三角体育产业的高质量协同发展奠定了非常牢固的思想基础。

2. 产业基础越来越坚实

长三角体育产业近年来发展势头迅猛,产业总量不仅持续攀升,产业质量也越来越高,而且不断夯实体育要素支撑。在这样的发展态势下,长三角体育产业成为全国体育产业的重要增长极,为区域经济一体化铸就了坚实的体育产业基础。

3. 市场基础不断增强

在长三角体育产业高质量协同发展中,三省一市的体育企业跨区域合作发展提供了良好的市场基础,成为长三角体育产业一体化的基础性动力。近些年,随着长三角区域经济一体化进程的不断加快,参与长三角体育产业一体化建设的行为主体不断拓展,不仅包括地方政府、体育企业(大型国企、中小微企业),还包括运动项目协会、高校等行为主体,在多主体的参与下,长三角开发了越来越多的跨区域体育合作项目。

此外,长三角一些城市共同打造了一些以跨区域体育交流为主要形式的品牌活动,周边城市居民在良好的活动氛围中广泛参与,这类活动的举办在很大限度上促进了长三角体育产业的协同发展,使各地在一体化中逐渐实现了资源共享、优势互补、合作多赢。

4. 区域发展不平衡的驱动

在长三角经济一体化政策的刺激下,长三角体育产业规模不断扩大,产业结构逐渐优化升级,但区域内部不同城市的体育产业发展存在较大的差距,发展不平衡的现象长期存在。

在长三角一体化发展上升为国家战略的背景下,长三角区域内体育产业发展不平衡的现状亟须转变。区域一体化是区域产业发展进程中的一个重要阶段,区域一体化通过统一的发展目标和规划,严谨、高效的组织协调与运作机制,能够推动经济增长由政策刺激有序转变为自主增长,最终实现区域内各地域单元和经济组织"一体化"运作的区域经济发展方式。因此,长三角体育产业发展方式必然向一体化协同发展的方向转变,而长三角区域内体育产业发展不平衡的客观现实是长三角体育产业一体化协同发展的内在动力,对长三角体育产业高质量协同发展具有重要的驱动作用。

四、长三角体育产业高质量协同发展面临的挑战

当前,我国长三角体育产业发展水平较高,体育产业协同发展进程也不断加快,和其他地区相比已经取得了非常瞩目的发展成果,但同时存在一些不可忽视的问题,主要表现在以下几方面:

(一)产业结构相似,缺乏深度合作

在长三角体育产业高质量协同发展中,行政区划的限制导致区域内各级地方政府无法站在区域的整体利益上进行区域产业结构规划。长三角区域内各个地区的产业结构布局受到各辖区现有壁垒的约束,无法改变相似的产业结构。从现有的情况及各地体育产业发展规划来看,体育竞赛表演业、运动休闲业、体育场馆服务业、体育培训业等行业均是两省一市的重点发展产业。此外,体育用品制造业也是浙江、江苏、安徽三省的重要发展行业,三省制造业比较发达,而且成本较上海低,而上海在资本技术类产业方面比较有优势,能够为浙江和江苏提供技术、人力资源和其他服务。区域内各地体育产业相似度高的问题制约了区域体育产业的高质量协同发展。

长三角区域内三省一市的经济发展模式各具特色和优势,上海市采用政府主导的经济资源一体化发展模式,江苏、浙江、安徽三省则是通过市场竞争机制来实现经济资源一体化发展的。三省一市体育产业的发展中存在体制、区域和发展模式等方面的差异,各地体育产业的发展还是以自身为主,虽然有体育行政部门间的合作平台,但是参与主体较少,合作较浅,进而制约了长三角各地体育产业的深度合作与可持续发展。

(二)法律约束缺失

一般来说,各地政府之间的合作都是基于对自身利益的考虑,但这种合作常常因为缺少法律保障、协调机制而存在诸多问题。签订合作协议后,各地方政府仍然会在合作过程中以自身利益为重,出现恶性竞争。比如,地方政府短视地只顾全自身利益,忽视了区际的横向合作、合理的区际分工。同时,各地体育企业等经济运行主体以自身利益为第一

考虑要素,缺乏全局观。可见,各参与方都在谋求各自的利益,缺乏对区域开发整体规划的考虑。

此外,在招商引资过程中,地方政府为了争取更多的企业落地本辖区,甚至会以不合理的优惠标准来吸引企业,这属于严重恶性竞争。缺乏有效的法律约束体系是导致区域合作中机会主义倾向问题严重的主要因素。对于这种不正当的竞争行为,应该进行法律约束和制裁,否则不利于区域体育产业的长远发展。

(三)缺少政策支持

地方政府的自主权受到一定限制,破解地方体育行政部门间合作的体制障碍主要依赖国家体育总局采取相应的措施。但目前来看,国家体育总局除了制定体育产业的整体规划外,在建立区域合作管理组织、建立多元合作机制、建立生产要素流动机制等方面还缺乏政策支持与保障,而且区域体育产业规划中缺乏具体合作措施和建议,从而难以为长三角区域体育产业的高质量协同发展提供指引和政策保障。

第二节　区域一体化背景下长三角体育产业高质量协同发展的支持体系构建

长三角体育产业的高质量协同发展离不开政策的支持、资金的投入、人才的参与以及信息技术的融入,这些是体育产业高质量协同发展的重要支持条件。在区域一体化背景下构建包含政策、资金、人才以及信息技术等因素在内的支持体系,对推动长三角体育产业高质量协同发展及提高协同发展质量具有重要意义。长三角体育产业高质量协同发展离不开一系列经济政策的支持,构建长三角体育产业政策支持体系具有重要意义。本节重点对长三角体育产业高质量协同发展的政策支持体系、投融资支持体系、人才支持体系以及信息技术支持体系展开研究。

一、体育产业政策支持体系

长三角体育产业高质量协同发展的政策支持体系包括体育产业结构政策、体育产业组织政策、体育产业布局政策等。

(一)体育产业结构政策

体育产业结构政策是指政府制定的有关干预体育产业内资源配置过程以促进体育产业结构向高度化和合理化方向发展的政策。

长三角体育产业结构政策主要包括以下内容:

1.体育主导产业选择政策

可以依据主导产业选择标准,综合考虑长三角体育产业发展的具体情况,选择产业关联度高、能在体育产业内起承接作用、能带动长三角整个体育产业增长的行业作为体育主导行业。在此基础上,可以重点发展体育主导行业,并推动其与非主导行业的高质量协同发展。

2.体育战略行业扶植政策

体育战略行业是指能够在未来成为体育主导行业或支柱行业的新兴行业。体育战略行业的扶植政策着眼于未来的产业发展优势,直接服务于产业结构的高度化。

3.体育"幼稚"行业保护政策

体育"幼稚"行业是指相对于长三角已发展成熟的相同行业,在本地区仍处于"幼小稚嫩"阶段,并尚未形成竞争所必需的市场关系的行业。从长期来看,这个行业具有收入弹性大、技术进步快、劳动生产率提高快的特点,只是在目前没有比较优势,需要通过政府的扶植尽快使比较劣势转为比较优势。对体育"幼稚"行业的扶植反映了体育产业政策的先行性特征。

体育中介业是竞赛表演业和其他体育产业部门发展的润滑剂和纽带。长三角产业结构的调整和居民消费水平的提高,极大地刺激了长三角健身娱乐市场、竞赛表演市场、体育人才市场以及其他相关市场的强劲发展,许多体育企业积极寻求专业的中介合作机构,从而将自己的一些经营项目委托给中介机构。但是,体育中介组织起步晚,数量少,实力弱,因此长三角应将体育中介业作为体育"幼稚"行业加以保护。

（二）体育产业组织政策

体育产业组织政策指的是政府为优化配置长三角体育产业资源,提高资源的利用率,并协调长三角体育产业内企业间的关系,最终推进长三角体育产业高质量发展而采取的一系列政策。体育产业组织政策的总目标是试图通过控制体育市场结构和规范体育企业的市场行为,实现体育产业组织的有效竞争,以此获得较好的市场绩效。具体目标包括优化资源配置、实现规模经济、促进技术进步、维护市场秩序。

（三）体育产业布局政策

产业布局意味着要形成经济优势,这是从区域优势转化而来的,对于已经形成的经济优势,要不断优化、强化,从而通过最佳产业布局来提高产业整体效益。产业布局的基本规律就是通过优化配置生产要素而达到优势效应。产业开发是具有区域性的,同时开发所有地区的产业是非常困难的,所以要先从局部开始,而这个局部主要是指具备良好开发条件的地方。随着产业布局的推进,点与点之间的产业联系逐渐构成轴线,轴线经纬交织而构成网络。由此可见,产业布局应该是一个经纬交织、动静结合的复杂系统。

长三角在体育产业发展重点的选择上要注意体育产业布局的以下内容:

（1）从区域经济层面制定长三角体育产业布局战略,明确要重点发展哪些体育产业,并针对重点发展地区的实际情况对其相应的体育产业发展模式进行设计。

（2）政府在扶持长三角重点地区体育产业发展的过程中,既可以直接投资,也可以间接资助。

（3）长三角重点发展区与非重点发展区的体育产业政策要有差异性,要将更多的资源吸引到重点发展区。

就长三角体育产业发展现状和整体趋势来看,引导区域体育产业的科学发展,就必须树立科学发展观,建立宏观统筹发展意识,不断结合长三角实际情况,制定科学的体育产业政策与制度,并重视新理论、新思想的提出,重视体育产业政策与制度创新(图 5-3)。

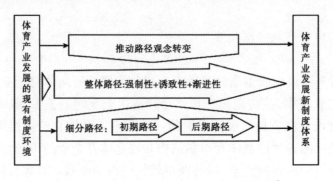

图 5-3　体育产业发展的政策与制度创新[①]

第一,从宏观来看,要树立整体发展观,从整体角度明确长三角体育产业政策与制度创新应选择何种途径、何种方式,为长三角体育产业发展指明总体发展方向。

第二,从微观来看,要深入长三角体育产业发展的各个产业层面,切实解决不同产业发展中存在的具体问题,长三角地区的体育产业发展政策应结合长三角经济实况,突出长三角产业特色。

第三,要为真正落实新的长三角体育产业政策与制度,推出相关政策与制度,确保新的政策和制度能真正落到实处,并发挥作用。

(四)政府政策支持与法治建设

1.政府政策支持

(1)政府实施宏观调控

政府的宏观调控对任何产业的发展都具有重要意义,它是产业发展中一种必需的管理手段,但是任何产业都不能完全依赖政府而获得发展。长三角体育产业的高质量协同发展离不开政府的宏观调控和市场监管,发挥政府职能,对长三角体育产业发展的相关政策加以制定,能够为长三角体育产业的可持续发展与高质量协同发展提供积极有效的引导。

① 沈震.区域环境下体育产业一体化发展研究[M].北京: 中国建材工业出版社,2019.

　　在长三角地区体育产业的管理中,体育产业政策作为一种政治管理方式发挥着举足轻重的作用,政府制定科学的体育产业政策是长三角体育产业赖以生存与发展的基础条件。政府出台的体育产业政策主要是关于调整长三角体育产业结构和优化体育产业组织的政策。政府出台这些相关政策,主要以体育发展的内在要求为依据,同时预测了一定时期内长三角体育产业结构的变化趋势和产业总体发展趋势。了解了长三角体育事业的发展规划、体育产业的发展现状、拥有的体育优势资源,然后经过综合分析制定出产业政策,并将主导性体育产业确立下来,通过优先发展主导体育产业来带动其他体育产业的发展,实现长三角体育产业结构的优化升级,最终促进长三角体育产业的高质量协同发展。

　　(2)政府采用经济手段

　　政府在长三角体育产业管理中经常采用经济手段引导体育产业的发展方向,其中税收手段和金融手段发挥了重要的作用。

　　①税收手段

　　税收是对长三角体育产业高质量协同发展进行经济调控的一种重要手段。政府对各种体育产品和体育服务的税收标准进行了调整,将体育产业各部门的税收负担、不同类型体育产品的差别税率确定下来,从而使长三角体育产业发展中从产品生产到市场消费都获得了一定程度的调节,为长三角体育资源的合理配置提供了正确的引导,从而不断优化长三角体育产业结构和产品结构,使结构趋于合理化、最优化、效益最大化。政府为鼓励长三角体育健身产业、体育娱乐休闲业的发展,将体育服务性产品的税率降低,促进了体育服务业的发展,适当调整了长三角体育产业结构,加快了长三角体育产业结构的升级。

　　②金融手段

　　政府采用金融手段主要是为长三角体育产业的高质量发展筹措资金,筹资的渠道主要有以下三种:

　　第一,商业银行:政府制定体育产业的信贷政策,通过信贷手段筹资改造与更新长三角体育生产资料设备和重大体育建设项目的技术。政府制定的信贷政策主要是资助性的政策,如低息、无息甚至贴息等。

　　第二,金融市场:从金融市场筹资可以使有规模、有能力的单位成立股份制体育公司,进一步扩大规模、壮大实力,提高经济效益。常见的金融手段包括发放债券、股票,或推行股份制。

第三,基金会:通过成立体育基金会来筹集资金也是政府为推动长三角体育产业高质量协同发展而采取的一种筹资手段,品牌体育项目、传统体育产品等是政府资助的重要对象,其可以弘扬民族体育文化,打造精品,使长三角体育品牌获得大力发展,走向全国和世界各地。

2.政府加强法治建设

社会主义市场经济是法治化的市场经济,即法治经济,在这一经济环境下发展区域体育产业,要求实行法治化管理。长三角体育产业的高质量协同发展需要体育法规这一外在力量来保驾护航,如果没有法治经济下的体育法治管理,体育与经济就无法紧密结合,体育可能与市场经济脱轨。

在社会主义市场经济环境中,长三角体育产业的规模不断扩大,体育社会化进程加快,体育市场呈现出繁荣的景象,而且体育人口、体育组织、体育企业投资者越来越多,他们形成了广泛而复杂的结构关系。如果没有统一的法规去理顺这些关系,长三角体育市场将会陷入混乱。当前,在长三角体育产业发展中,各个独立投资主体的利益差别越来越明显,形成的社会关系越来越多、越来越复杂,这是长三角体育产业在市场经济下发展的必然趋势。面对这些复杂的社会关系,必须用法律手段去调整、协调,而不是由行政部门直接干预。政府采用法律手段规范长三角体育产业投资主体的行为规范、保障投资主体的正当权益,并监督投资主体履行规定义务等,从而维护长三角体育产业市场的稳定,促进长三角体育市场有序运作,协调长三角体育市场中的各种关系,为长三角体育产业的进一步高质量协同发展提供良好的市场环境。

长三角体育产业法治建设应该与建立体育市场、维持体育市场运行秩序保持同步,长三角体育产业发展的市场取向要继续保持下去,就必须对体育产业各主体之间的平等性、竞争性加以保障,并保证各主体权利与义务的对等性,这样才能顺利加快长三角体育产业化进程。此外,还需要对长三角体育产业各主体的法治意识进行培养,在遵循市场经济规律的前提下建立体育产业主体利益的调节机制,对体育产业相关法规制度进行制定,以完善体育法规体系,为长三角体育产业的高质量协同发展提供坚实的法律保障。

社会主义市场经济与社会主义法治建设的联系非常紧密,二者的内在联系从哲学的角度来看就是经济基础与上层建筑之间的辩证关系,具体表现为作用与反作用的关系。在政府宏观调控和市场调控下,长三角体育产业的整体经济效益、社会效益不断提升,区域体育资源配置不断优化,这充分彰显了社会主义市场经济在经济基础范畴中的重要作用。社会主义法治建设的核心是立法、执法,依法治国是我国的基本准则之一,法治建设在上层建筑范畴内对长三角体育产业的规范发展具有重要作用。

作为体育产业发展的经济基础,社会主义市场经济本身的客观性、现实性和规范性对上层建筑(社会主义法治建设)的基本内容、发展趋势具有决定性影响,并提出在社会主义市场经济运行中法治建设应发挥引导作用、规范作用以及保障作用的基本要求。

社会主义市场经济具有开放性、契约性和公平竞争性,市场经济需要法治建设是由市场经济自身的这些特点所决定的,市场经济的特性要求市场主体依法参与经济活动,正当、公平地竞争,对市场中的不正当竞争、不公平竞争,尤其是垄断行为要坚决抵制,保证市场经济顺利运行。市场经济也有弱点和不足,如盲目性、自发性以及一定的波动性,这些弱点同样对法治建设提出了要求,要求运用法律手段对市场主体的行为予以规范,对市场经济秩序予以维护,保证在供求规律、价值规律等市场经济规律的引导下对长三角区域体育产业资源进行合理配置,促进长三角区域体育市场的健康运行和不断优化、健全。

二、体育产业投融资支持体系

长三角体育产业投融资活动的顺利开展离不开相关的制度与体制,这是必不可少的客观条件。一般来说,与体育产业资金投入、资金融通、资金运作以及资金监管等方面有关的相应的制度安排即体育产业投融资体制,该体制也可以被看作与体育产业资金有关的各种关联要素有机结合的宏观结构,该结构无疑具有系统性和关联性。体育产业的投融资政策、制度组织化等具体体现在体育产业投融资机制中。

(一)体育产业投融资机制

体育产业投融资体制是一个由诸多要素构成的系统框架,其具体结构如图 5-4 所示。

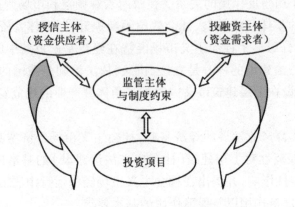

图 5-4　体育产业投融资体制的构成框架[①]

1. 授信主体

在长三角体育产业融资中,资金供应者被称作授信主体,也就是有盈余资金的居民、政府、企业、金融机构等,这些是市场经济体制下的主要资金供应者。授信主体供应资金的主要方式包括直接提供信贷、购买债券或股票,也就是体育产业债券和体育股票。

2. 投融资主体

长三角体育产业投融资机制中的融资者与投资者在多数情况下是同一类主体,所以常常将投资主体与融资主体合称为相同个人或组织的投融资主体。一般来说,在自有资本不足的情形下,投资主体便向融资主体转变,成为资金需求者。

投融资主体与授信主体是相对的,也被称作"受信主体",也就是接受信用的主体,他们融资的主要方式是借贷、发行债券或股票。

3. 投资项目

在经济利益的驱使下,体育产业的融资主体向投资主体的身份转变,然后投资有利可图的项目。体育产业中的投资是一种体育经济行为,发生于投资主体单方面,但银行等授信主体往往会充分评估投资项目与投资结构,主要目的是将融出资金的风险降到最低,加强风险防

① 金跃峰.区域体育产业发展的研究 [M].北京：中国商务出版社,2009.

范。经过考察评估后,授信主体确定项目可行,收益有保障,而且技术管理比较完善等之后才会融出资金给融资主体。

4. 政府监管

在长三角体育产业投融资机制中,不管是投融资主体,还是授信主体,以及项目投资,它们的经济行为或运作过程都离不开政府管理与制度约束。为了促进长三角体育产业高质量协同发展中投融资市场秩序的进一步规范,政府部门必须出台相关制度或政策来引导与约束投融资市场中授信主体与投融资主体的行为。市场自律部门和行政管理部门也要在相关政策与制度的导向下来管理投融资市场,使市场的项目投资行为更加规范,提高长三角体育产业投融资效率。政府加强监管和制度约束能够不断完善长三角体育产业投融资机制,促进长三角体育产业持续、健康和高质量发展。

总之,长三角体育产业投融资机制的基本框架主要由资金供应者—授信主体、资金需求者—投融资主体、投资项目以及政府监管四个部分组成,它们缺一不可。

(二)长三角体育产业投融资支持体系的构建

1. 完善财政投融资体系

财政投融资是指政府为实现产业和财政目标,通过国家信用的方式集中社会闲散资金,由财政部门统一管理,根据社会经济发展需要,在不以营利为直接目的的前提下,采用贷款的方式支持企事业单位运作与开展的一种资金活动①。

长三角地区很多体育企业处于初级发展阶段,发展经费有限,不得不通过一些渠道来进行融资或寻求投资。此外,在长三角体育产业投融资机制的运行中,市场失灵现象也受各种因素的影响而客观存在,所以政府的适度干预是非常必要的。在这种情况下,长三角体育产业的发展离不开财政投融资,这是长三角体育产业得以顺利发展的重要基础和资金保障。当前,长三角各省市应对本区域体育产业发展中财政投融资的

---

① 蔡宝家.区域休闲体育产业发展研究[M].厦门:厦门大学出版社,2017.

基本理念与定位有清晰的认识,政府应根据长三角体育产业的发展需要来构建与完善体育产业财政投融资体制,促进该机制的顺利运作,充分发挥它的重要作用和价值。

具体来说,构建与完善长三角体育产业财政投融资体系应做好以下几方面的工作:

第一,加强对长三角体育产业财政投融资出资人制度的完善。

第二,对长三角体育产业财政投融资定位加以规范。

第三,建立长三角体育产业财政预算(包括财政投融资)。

第四,建立一种决策机制使投资资本与信贷决策互为制衡。

第五,推动长三角体育产业财政信用的发展。

第六,制定与健全长三角体育产业财政投融资政策。

2.加强投融资体系的政策保障

(1)设立体育产业发展基金

政府设立体育产业发展基金,从而积累资本支持长三角体育产业的顺利发展。长三角地区有些体育产业刚刚起步,发展模式还不成熟,所以政府必然要在资金上多加扶持。在长三角体育产业发展中,资金不足的问题很普遍,解决这个问题的关键是要利用有限的资金产生最大限度的经济效用,也就是将有限资金的作用发挥到极致。在这种情况下,政府注入资金必不可少,政府在直接注入资金的同时要引导社会资金向体育产业领域投入,充分发挥社会资金的作用。政府的这一职能能够通过成立体育产业发展基金得到更好的发挥。但在基金的运作方面,要充分发挥市场机制的协调与管理作用,而政府的干预要适当减少。

(2)改善投融资环境

政府部门要注重建立、出台与完善体育产业相关法律制度和政策,从而使长三角体育产业投融资活动更加规范,使投资者的利益得到充分的保护,这样也能为社会投资者带来信心,增强其投资的决心。在资金使用方面尤其要加强立法保护与管理,使长三角体育产业财政信用得到提升,并使周转资金得到最大限度的使用。

另外,要培育一些中介机构,并规范这些机构的市场运作,使长三角体育产业投融资的服务体系更加健全、完善,从而将更加便捷、更加有效的通道提供给体育企业,使其顺利实现融资或获得投资。不仅如此,为更好地实现投融资,使资信问题得到解决,还要加强对投融资信用担保制度的制定与相关体系的构建与完善。

（3）建立多层次投融资市场

在长三角体育产业投融资市场的建立中,政府要突出市场的多层次,从而进一步规范体育产业投融资,使投融资更加全面化。投融资市场之所以要多层次,主要是为了服务于拥有不同发展规模和处于不同发展阶段的体育企业。在建立多层次投融资市场的同时要加强对市场上专业人员素质的培养,从而促进市场工作效率的提升,优化与健全长三角投融资市场环境,避免产生不必要的额外成本。

3. 培育风险投资

体育产业风险投资是由专业投资机构在自担风险的条件下,通过评估和筛选,向有发展前景的项目、公司、产品注入资本,并运用科学管理方式增加体育产业风险资本的附加值[①]。体育产业风险投资是一种特殊的资本运营方式,整个运营过程中都充满风险,如风险分布在资金融入、融资创业、企业上市以回收资本等各个阶段,所以为了促进运营的成功,必须通过培育风险投资来创造良好的长三角市场环境。具体来说,政府部门要做好以下几方面的工作。

（1）全新定位政府角色

在长三角体育产业风险投融资体系建立方面,政府要给予重视,尽快建立健全该体系,并对民间风险投资予以支持,同时要在税收方面制定优惠政策,使体育产业风险投资更有动力。另外,要出台必要的补贴制度,支持长三角地区处于起步阶段的体育企业也是有必要的。

（2）建立健全风险投资信息披露机制

建立健全体育产业风险投资信息披露机制,能够使风险投资者在投资过程中更有信心,将投资者的投资积极性调动起来,也有助于促进长三角风险投资环境的优化。

（3）完善风险资本的退出机制

退出机制指的是被投资的企业发展到一定阶段后,风险投资机构将投入资金以股权形式实现向资金形态的转变。建立与完善风险资本的退出机制,能够使投资者更有信心进行投资,还能促进长三角地

---

① 蔡宝家.区域休闲体育产业发展研究[M].厦门：厦门大学出版社,2017.

区体育资本的循环,实现资本增值,提升长三角体育企业自身的造血功能。

三、体育产业人才支持体系

构建长三角体育产业人才支持体系,关键是要培育体育产业人才。体育产业人才指的是可以将各种管理技术应用于体育经济活动的体育人力资源。体育产业人才是将体育资源转化为生产力的重要载体。从体育产业发展的需要来看,可以将体育产业人才的结构划分为三类,分别是体育组织的行政管理人才、体育产业经济管理人才以及体育产业教育人才。其中,体育产业经济管理人才又包括经济人才、法律人才及经营管理人才。依据分工的不同,这些人才又可进一步细分为更为专业的人才,具体如图5-5所示。

(一)体育产业人才培养模式的构建

体育产业人才培养模式的构建流程具体如图5-6所示,总的来看,要从培养目标、课程设置以及培养途径三个方面着手进行。

第一,在对不同类型的体育产业人才进行培养时,都要先设定培养目标。

第二,要科学地进行课程设置,体育产业的发展现状、市场需求、不同区域与领域的发展情况等是进行相关课程设置的主要依据。

第三,丰富培养方式,不断开拓新的培养途径,采取多元化的模式与方法来对体育人才进行培养。

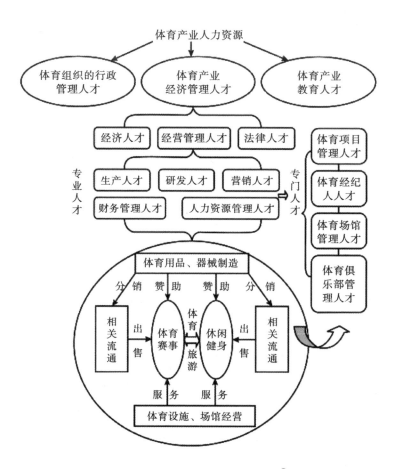

图 5-5　体育产业人才的结构[①]

① 沈震.区域环境下体育产业一体化发展研究[M].北京：中国建材工业出版社，2019.

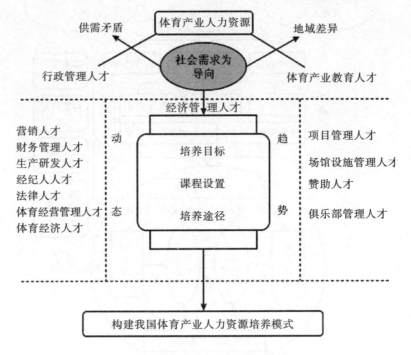

图 5-6　体育产业人才培养模式 [①]

（二）体育产业人才的培养与管理

1. 建立人才培养、培训基地

　　长三角各省市有关部门在培养体育产业人才的过程中应注意统筹规划与合理布局，并以长三角体育产业的发展布局和体育产业人才需求为依据来分层次进行人才培养。体育院校及综合院校中的体育院系、经管院系是培养体育产业人才的主要基地，因此应进一步巩固高等院校的地位，使其逐渐担负起培养体育产业人才的工作，将体育院系的学科优势充分发挥出来。由主管部门确定哪些院校与体育产业发展相关，鼓励

[①]　吴超林，杨晓生.体育产业经济学 [M].北京：高等教育出版社，2004.

这些院校开展对各类体育产业人才的培养与培训工作,从而建立长三角体育产业人才长期培养与培训的基地。

2. 加强科技攻关,研发自主创新产品

从现阶段长三角体育产业的发展势头来看,各地需在设备、器材、服装、服务等相关产业中加大科技投入,加强科技开发,从而对区域自行生产的成套设备和产品进行设计与研制。高等学校人力资源丰富,科研实力雄厚,发挥高校的这些优势来对创新产品进行开发和研制是比较科学的,这样才能够实现体育产业的科技开发真正为区域和国家经济发展服务。部分高等院校还应组建相关的科研组织,并向地方政府申请建立科技攻关项目的基金,从而获得政府的资金与政策支持,更利于开展新型产品的立项、研发、生产、推广及应用等环节工作。

3. 把好人才培养的质量关

构建体育产业创新人才培养模式时,要全面考虑高校人才培养模式的发展趋势,保持二者的相适应,并在培养过程中与时俱进、突出特色,将精力集中在解决现有问题和薄弱环节上,不断完善科学、全面、系统的体育产业人才培养模式,促进体育产业人才培养质量的提高。

各地要树立多样化的人才培养观念,对个人选择表示尊重,对个性发展予以鼓励,不拘一格地培养人才。因此,高校应以长三角社会发展对人才的不同需求为依据,并在考虑自身办学条件的基础上确立自己的办学目标、性质和方向,制定人才培养的目标和规格,如图5-7所示。

4. 体育院校进一步发挥培养高等人才的作用

(1)以体育产业的发展需要为前提对体育产业人才进行培养

随着长三角地区经济的不断发展和居民休闲生活质量的不断提高,越来越多的人开始关注并参与体育运动。目前,专业人才培养不足、所培养的人才与社会需求脱节等问题在体育产业人才培养过程中普遍存在。作为培养体育人才的主要阵地,体育院校应将培养体育产业人才作为自己义不容辞的责任,加强对专业知识扎实、科研能力强、创新思维活跃、创业头脑灵活的体育创新、创业型人才的培养,使培养出来的人才与社会发展需要和体育事业发展需要相符,并能够在社会发展中发挥重要的价值。

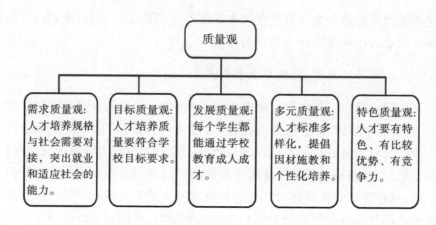

图 5-7 体育产业人才培养的质量观[1]

（2）注重对人才创新能力的培养

在知识经济时代,创新型体育产业人才不仅要学习本学科领域的知识,还要具备一定的科研及创新创业能力,善于将所学知识与社会实际联系起来,在解决社会和生产的实际问题中充分运用所学知识,从而促进社会和经济的发展。因此,在对体育产业人才进行培养的过程中,既要注重对学生基础知识学习能力与专业应用能力的培养,又要注重对学生创新能力的培养,从而为学生的全面发展奠定基础。

（3）将专业特色突显出来

在开展体育教育培养体育人才的过程中,要注重将专业特色充分体现出来,并将体育专业的特点展现出来。在对体育产业人才培养模式加以完善的过程中,将主线确定为培养具有专业优势的创新型人才,并以培养学生的个性、独立性、积极性和创新性为重点,然后在此基础上从整体上进一步对本专业的培养目标、课程体系进行优化,以提高培养效果及人才质量。最后,要特别注意依据长三角体育产业的高质量协同发展趋势来改革有关专业的培养目标、培养规格,以使培养出来的人才能够满足长三角体育产业高质量协同发展的需求。

（4）注重实践环节

现代教育思想要求在教学中充分结合理论与实践,这既是教学的基本原则,也是培养人才的基本要求。因此,长三角在培养体育产业人才的过程中,应以培养应用型人才为主,注重对学生实践能力的培养,强

① 李晟文.江苏省体育产业人才资源开发研究[D].苏州:苏州大学,2011.

调学生掌握实用性的创新与创业技能,具备实践的创新能力。

四、大数据时代信息技术支持体系

（一）长三角体育产业发展的技术支持

在长三角体育产业的发展进程中,生产经营方式呈现出由粗放型向集约型转变的趋势,要使这一转变更加顺利,就要将现代科学技术运用到体育产业生产与经营中。作为长三角区域体育产业发展的宏观环境和体育产业生产经营总体环境的一部分,技术环境对体育产业的内部结构调整和宏观发展具有重要影响。而且,技术环境对经济环境、社会环境都有直接的影响,进而又会进一步影响体育产业发展。

科学技术对长三角体育产业的影响主要体现在以下几个方面:

第一,技术发展对长三角体育产业的经济活动产生了直接影响。

第二,技术发展与应用对长三角体育产业的发展决策产生了重要影响。

第三,技术发展深刻影响着长三角地区居民的体育生活方式、体育消费需求结构和体育消费行为习惯。

在长三角体育产业发展中,要充分发挥长三角各地体育资源的优势,建立集约化经营模式,它们的实现离不开科技的进步和对先进科技手段的运用。长三角体育产业中体育产品和服务的科技含量能够将科技进步及进步程度直观反映出来,长三角体育产业结构的变换、产业发展水平的提升、产业竞争力的增强都离不开科学技术的推动,甚至区域体育观念的转变和体育战略的实施也需要依赖科技的进步。在长三角体育产业生产经营过程中的一系列变革都是科技创新推动的结果,体育产业的可持续发展理念要求将先进科技与体育产业生产经营的各个环节充分联系和融合起来,这将为长三角体育产业的高质量协同发展注入新鲜的血液和持久的动力。

长三角体育产业的发展离不开技术创新,技术创新对长三角体育产业乃至整个体育事业的发展都具有强有力的推动作用。高质量发展长三角体育产业,要树立科技兴体的理念,通过技术创新、技术融合来保障长三角体育产业的可持续发展,加快长三角体育事业的科学化、现代化发展,这是科技强国战略和市场经济条件下长三角体育产业发展的必然趋势。科学技术对我国长三角体育产业发展的影响是全方位的,包括对长三角体育产业资源开发与利用的影响、对长三角体育产业结构调整的影响、对长三角体育产品和服务质量的影响、对长三角体育市场开发和培育的影响以及对长三角体育消费者的影响等。

在现代科学技术不断进步的今天,我国加快了体育运行机制与管理体制的改革步伐,逐渐建立了体育健身娱乐市场、体育教育市场,促进了国内体育产品与服务的对外发展,进一步巩固了体育产业作为国民经济新的增长点的地位,增强了包括长三角在内的各区域体育产业长远发展目标实现的可能性。

（二）科技发展对长三角体育产业发展的具体影响

从当前长三角体育产业发展的情况来看,科技发展对长三角体育产业发展的影响主要体现在以下两个方面:

1. 促进体育健身娱乐产业空间的拓展

社会随着科技的进步而不断发展,科技进步又提高了人们的生活水平,激发了人们对健康、健身的强烈需求。社会生产力水平在科技发展的推动下显著提升,繁重的体力劳动逐渐减少,人们从中获得解脱,休闲时间增多,为参加休闲活动提供了可能。科技的进步引起的一系列变化,如人们生活水平的提高、思想观念的转变以及闲暇时间的增加成为体育健身、休闲娱乐产业发展的重要条件,为体育健身娱乐市场的开发与扩大提供了可能。长三角体育健身娱乐产业因此迅速发展起来,而且现代科技成果在该领域得到频繁运用,彰显了重要的价值,为长三角体育健身和休闲娱乐产业的发展提供了源源不断的新动力。

2. 促进体育用品产业的升级

现代体育运动的发展,尤其是竞技体育运动技术的不断提高促进了体育用品产业的发展。竞技运动技术的提升与现代科技的进步有着密切的联系,因此可以认为现代科技的进步与运用铸造了体育用品产业,体育用品产业得以发展壮大。或者说,现代体育用品产业的形成与发展是现代科技进步的成果。

长三角体育用品产业中运用较多的技术有新材料技术、生命科学技术、信息技术等,这些技术的融入促进了长三角体育用品科技含量的提升和质量的改进,从而使长三角体育用品市场生产的体育产品与现代体育运动不断发展对产品提出的严格要求相符,适应了体育现代化发展的需求。将科技成果运用于体育用品的生产中,能够提升体育用品的美观性、实用性,可以使产品更加环保、安全,从而满足消费者的需求。

(三)大数据时代长三角体育产业发展的机遇

在大数据时代,体育产业的发展环境得到了优化,体育产业发展的载体与平台不断丰富、扩大,体育产业的领域也得到了明显的拓展。长三角应抓住大数据时代的重要机遇和有利条件,利用信息技术进一步推动本地区体育产业的高质量协同与创新发展。

下面具体从三个方面分析大数据时代长三角体育产业发展面临的重要机遇。

1.体育产业发展拥有良好的信息交流平台

任何产业在大数据时代的发展都离不开基于市场数据分析的市场研判,这是产业发展的基础条件,体育产业也不例外。在长三角体育产业发展的传统模式中,发展的领域比较狭窄,产业开发渠道较为单一,导致发展空间受限,难以形成多元化规模。而在大数据时代,长三角体育产业发展中所需的信息交流平台越来越多元化、便捷化,有关经济要素能够依托便捷的平台进行互动、互补,从而有效增加了长三角体育产业的市场活力。

在大数据时代,可以依照市场经济规律分析体育消费群体的消费需求和消费行为,根据市场需求优化调整产业结构要素,拉近体育产业与市场的距离,与消费者的关系,使它们进行零距离的有效"对话",从而使长三角体育产业高质量协同发展更有效。总之,大数据时代的到来使长三角体育产业拥有良好的信息交流平台,促进了长三角体育产业与健身、医疗、旅游等有关产业的高质量协同发展,拓展了长三角体育产业一体化发展的空间。

2. 体育产业与其他产业进一步融合

在经济一体化背景下,产业融合发展已是大势所趋,也是市场经济发展到一定阶段的产物。在区域一体化的新时期,长三角体育产业的融合发展、协同发展、一体化发展趋势也不断加快,逐渐形成了"体育产业+"的融合发展模式,其中协同发展取得明显成绩的领域有与旅游产业的融合、与金融行业的融合、与互联网产业的融合以及与医疗产业的融合等。特别是大数据时代到来之后,长三角体育产业与相关产业之间的融合越来越广泛、深入,体育产业也不断寻求与更多关联产业的融合。在长三角体育产业的高质量协同发展与融合发展中,大数据的促进作用越来越重要,也越来越突出。利用大数据能够将各行业的数据信息整合起来,对体育产业与相关产业的共性、供需与内在规律进行分析,从而使体育产业与相关产业的高质量协同发展或长三角各省市体育产业的协同发展更精确、高效。

大数据时代长三角体育产业与其他产业协同发展最成功的案例当属体育与旅游的结合。原本属于不同产业类型的体育产业与旅游产业依托大数据手段实现了一些要素的互动与融合,从而进一步扩大了体育旅游市场,带动了体育旅游业的发展。不仅体育产业中融入了一些相关的旅游项目,旅游业方面也开发了一系列与旅游密切结合的体育项目,一些旅游景区在旅游与体育元素相融合的基础上衍生出诸多新型旅游产品,吸引了大量的游客,有效促进了旅游业的发展,也培育了大量的体育产业消费群体。

在长三角体育产业与旅游产业的协同发展中,可以利用大数据技术手段对新型旅游产品所带来的效益的相关数据予以追踪、采集,根据这些可量化的数据为长三角体育与旅游的进一步协同与融合发展提供合理建议,为高质量协同发展的决策提供可靠依据,从而对二者的融合点、融合内容、融合模式做出相应的调整,进而取得最理想的协同发展效益。另外,还可以利用大数据技术对体育旅游消费者的消费需求、喜好等进行分析,统计相关数据,然后依此开发能够满足其需求和喜好的体育旅游产品,扩大体育旅游消费市场,进一步推动长三角体育产业与旅游产业的高质量协同发展。

3.体育产业的创新发展空间得到优化

随着现代人思想观念的更新和生活质量的提升,他们对体育的需求不再像以前那样仅限于体育锻炼、增进健康这个最基本的需求,而是对体育服务、体育产品等有了越来越多的需求,也提出了越来越高的要求。为满足现代人的多元需求,在大数据时代应借助大数据这一载体创造性地开发现代化的体育产品,并采用信息技术不断优化体育服务,这充分体现出大数据时代优化了体育产业的创新发展空间,下面具体从两个方面来对大数据时代为体育产业发展提供的这一机遇进行分析:

第一,体育产业发展的信息库在大数据时代得到进一步丰富和拓展,产业信息价值得到深入挖掘,从而为体育产业发展的决策提供了可靠的信息依据和参考。

第二,大数据与体育产业的融合促进了智能体育的发展,体育产品中不断涌现出一些智能元素,深受消费者喜爱。体育产业的创新发展空间,尤其是智能化发展空间、现代化发展空间进一步扩大、优化,从而使区域体育产业高质量协同发展迎来了更好的时代机遇。

(四)信息技术推动长三角体育产业高质量协同发展的机制

1.带动机制

在大数据时代,信息技术在长三角体育产业中的不断渗透与融合极大地促进了长三角体育产业的发展。长三角体育产业的发展也越来越离不开信息技术,可见信息技术对长三角体育产业的发展产生了巨大的影响。这种信息技术推动长三角体育产业高质量协同发展的带动机制,又从多方面得以体现和不断实现,具体包括以下几方面:

第一,随着信息技术的不断发展,其越来越多地被应用于电子政务方面,并积极发挥自身作用,推动了体育管理部门运作模式的转型,即从管理型运作模式转变为服务型运作模式,体育管理部门运作模式的转型深深影响了体育产业的发展。

第二,信息技术在长三角体育产业领域的渗透促进了体育工作方式的转变和体育工作效率的提升。

第三,体育制造业的基础装备因为信息技术的应用而得到有效改善,传统设备得以更新,新的数字化装备与产品不断涌现,体育制造业的生产效率和质量得到显著提升。

第四,现代信息技术在长三角体育产业领域的应用为本区域体育产业的高质量协同发展营造了优良的环境和广阔的空间。比如,现代信息网络技术在长三角体育赛事产业中的应用使许多本土品牌赛事在全国的影响力得到提升。这对长三角体育产业的对外发展及其在更大区域中的高质量协同发展具有重要意义。

2. 增值机制

大数据时代信息技术的不断普及及其在体育产业中的大量运用不仅对体育产业的发展起到了巨大的推动作用,形成了带动机制,同时起到了不可忽视的增值作用,形成了重要的增值机制。在产业发展中,将产品和劳务的附加值提升,使供给扩大,财富增加,这就是增值。信息化时代的信息要素与传统的生产要素是不同的,其中一个最大的区别就是前者的边际收益率是逐渐增加的,从而能够促进体育产业发展,使体育经济收入稳步提升。

在大数据时代,网络信息迅猛发展,我们迎来了网络经济时代。这一时代背景下,有时体育产品或体育服务的网络价值远远高于自身价值,其网络价值的大小与网络系统的层次有关,层次越高,价值越大,二者呈正相关。在大数据经济环境下,长三角各地针对重要的体育市场信息来加大投资力度,往往能够同时获得投资报酬与增值报酬。

在信息技术高度发达的大数据社会中,信息技术越来越频繁地运用到各个领域与行业中,其对体育产业高质量协同发展的带动作用、增值作用越来越受重视。为了更好地发挥信息技术对长三角体育产业的带动作用与增值作用,促进长三角体育产业价值的提升,各地体育产业经营管理者必须对信息技术的优势和作用有高度的认识,并在体育产业市场开发与经营管理中充分运用信息技术来提高效率,达到理想的目标。

（五）大数据时代信息技术支持下长三角体育产业高质量协同发展的策略

1. 优化发展环境，实现深度融合发展

大数据时代体育产业发展速度加快，发展效率提升，协同发展趋势也不断加快，并呈现出现代化、智能化的多元发展趋势。大数据时代给长三角体育产业高质量协同发展带来了重要的机遇，同时带来了更加严峻的市场挑战。在机遇与挑战并存的当下，要加快长三角体育产业高质量协同发展，就必须积极转变发展观念与思维，利用大数据技术加快长三角体育产业的协同发展，不断加强长三角体育产业发展环境的优化，通过应用大数据开发新的产业领域与空间，促进长三角体育产业协同创新发展。

利用现代信息技术优化长三角体育产业发展环境，实现体育产业深度融合发展，要做好以下工作：

第一，利用大数据技术进行必要的市场分析，不断完善长三角体育产业数据库，为体育市场开发、产业决策、产品与服务的更新等提供可靠的数据参考和市场依据。

第二，对各种数据资源加以整合，利用大数据手段开发长三角智能体育产业，并在智能化体育产品与服务的研发与调整中充分发挥大数据分析作用，提高智能体育产业发展成果。

第三，利用大数据技术推动体育产业转型，如将大数据作为基础支撑来开发长三角体育健康产业，发展体育赛事直播产业，为长三角体育产业的转型和创新发展提供大数据支持，创造良好的环境与空间。长三角依托大数据平台进行体育产业创新，能够使体育产业市场更具活力和生命力，更好地体现出大数据时代的优势和信息技术对促进体育产业高质量协同发展的重要作用。

2. 加强产业数据内联，加快协同发展

大数据时代体育产业的发展与传统体育产业发展之间最大的区别在于是否大量采用数据和大数据技术。大数据时代体育产业呈现出智能化发展趋势。这一趋势之所以能够形成，核心要素在于在体育产业发

展中采用了大量的数据和大数据技术。体育数据产业是大数据时代开发的一个新的体育产业领域,它具有智能化、现代化特色,是体育产业的一种创新发展形态,无论是供给侧,还是需求端,在市场上都发挥了重要的作用。在整个供需关系中,采用的数据大多是有关行业的关联性信息,并将这些关联信息整合在一起,而不是只采用某个行业的单一信息。特别是在体育产业的协同与融合发展中,数据信息本身就是黏合的、关联的,相关企业之间互通信息,建立关系,为互动发展创造了良好的条件,创建了便捷的平台与空间。数据的潜在动能应该被长三角更多的体育产业管理者发现并予以重视,基于数据分析和大数据技术手段在体育产业与其他相关产业之间寻找契合点将会更加便捷、迅速、准确。

例如,体育产业与旅游产业之间有许多可共同应用的数据,分析这些数据,建立数据平台和数据库,加强平台监管,从而开发共融产品,提升产品的市场效益。具体而言,可以将合适的体育项目开设在长三角旅游景点内,将体育元素加入长三角旅游线路上,特别是注重休闲体育运动与长三角旅游业的融合,如水上运动旅游、极限运动旅游等。长三角休闲体育产业与旅游业之间加强数据的互通、渗透,使二者的融合度进一步加深,将有助于二者协同发展空间的扩大和协同发展路径的拓展。

第三节　区域一体化背景下长三角体育产业高质量协同发展的优化路径

体育产业与健康产业、旅游产业及文化产业有着天然的联系,在区域一体化背景下推动长三角体育产业与相关产业的高质量协同发展,不仅对扩大长三角体育产业规模有重要意义,而且能够带动长三角其他相关产业的发展,赋予相关产业特殊的意义,最终也能够促进长三角区域产业的总体发展及区域经济发展水平的提升。本节重点在区域一体化背景下探讨长三角体育产业与这些相关产业的高质量协同发展。

一、路径一：长三角体育产业与健康产业的协同发展

与人类健康有关的产业统称为"健康产业"。近年来,健康产业随着社会健康观念的不断更新而大力发展,产业规模越来越大,涉及更加宽泛的领域,包括健身行业、健康食品行业、健康保险业、医药卫生产业等,逐渐形成了一个较为丰富的产业体系和比较系统的产业链(图5-8),对促进人体健康、修复健康以及维持身心健康具有重要意义。现在,健康产业已自成体系,产业链不断扩大,这个与人类健康直接相关的产业受到政府和社会的广泛关注,发展前景良好。

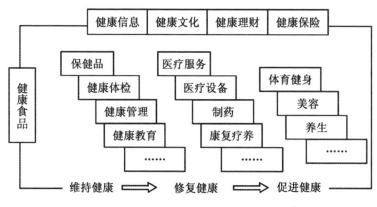

图 5-8　健康产业的产业链和产业体系 [①]

体育锻炼是促进人类健康最经济、有效的一种方式与手段。从体育与健康的关系来看,体育产业与健康产业也有着天然的、非常密切的关系。在区域一体化背景下促进长三角体育产业与健康产业的高质量协同发展,使二者有机融合,能够促进各自产业空间的拓展。当前,长三角体育产业与健康产业的协同发展还处于初级阶段,二者高质量协同及深度融合发展的方式与渠道有待进一步探索和研究。

（一）体育产业与健康产业的关联性

体育产业与健康产业协同发展既必要又可行,其可行性主要体现在

---

① 余丙炎.我国体育产业与健康产业协同发展的对策研究 [J].菏泽学院学报,2017, 39（5）：101-104.

二者的关联性上,具体包括产业特征的关联和消费群体的关联。下面对这两个方面的关联性进行分析:

1. 相似的产业特征

体育产业属于大产业,它是各种体育产品、体育服务的综合体,是由这些要素集合而成的产业。健康产业则主要由制造业和服务业构成。可见,体育产业与健康产业有共同的准则,即为人民提供相关服务,宣传健康、科学、文明的生活方式。在产品生产方面,都致力于生产对人类健康有益的产品,即与人类健康有直接或间接关系的产品,满足人民的健康需求,既有对健康产品的需求,也有对健康服务的需求。

2. 相似的消费群体

随着全民健身的不断发展和健康中国战略的有序实施,体育产业受到越来越多人的关注和认可,体育消费在大众消费中的比重有了显著增加,人们通过购买体育产品或体育服务来达到强身健体、愉悦身心等目的。在体育产业消费中,与健康有关的消费方式是比较常见的,消费者以自身实际需求为依据,选择能够促进自身健康水平提升的体育产品和健康产品。可见体育产业与健康产业的消费者中有一部分是重合的,也就是说两大产业的消费群体是相似的。推动体育产业与健康产业的协同发展,能够使相似消费群体的体育需求、健康需求同时得到满足。

加强体育产业与健康产业的多方位协同及深度融合,能够促进人们健康需求、精神需求的满足,促进大众健康水平的提升,也能推动体育产业与健康产业的发展,营造良好的社会健康环境,这将有助于健康中国战略目标的实现。

(二)长三角体育产业与健康产业高质量协同发展的意义

长三角体育产业与健康产业的高质量协同发展对促进长三角人民群众体质健康和社会健康发展具有重要意义,下面对此展开详细分析:

1. 增加群众健康资本

长三角各地大力发展体育产业和健康产业,推动二者的高质量协同发展,能够将一些具有预防性功能和综合性收益的产品和服务提供给大家,这些产品与服务不同于传统的医疗产品或医疗服务,其主动性更强,人们购买与健康有关的体育产品或服务,相当于为自己的健康投资。在体育消费中,参与体育培训也是一种常见的消费方式,对消费者来说,这也是一项促进身心健康和延年益寿的重要途径。现阶段,长三角地区提供体育培训服务的体育机构越来越多,这类机构引进专业师资力量,开设标准化课程,配备功能齐全的体育设备,从而提供体育与健康教育及相关培训服务,为人们参与体育运动提供科学指导,从而整体提升群众健康水平。

长三角体育产业与健康产业的高质量协同发展还能够将有效的健康防护手段、健康维持方式等提供给大众,并整合健康咨询、体质监测、健身塑形、运动康复等服务,形成综合性服务体系,以更好地引导群众参与能够强身健体、预防疾病、促进康复的体育运动,增加群众健康资本,促进全民健康。

2. 培养健康生活习惯

在体育产业与健康产业的高质量协同发展下,能够对群众的生活方式加以引导,使其形成健康的生活方式,养成良好的生活习惯。体育一直都是一种经济的健康投资形式,一般而言,体育成本远远低于患病成本。随着长三角体育产业的不断发展和产业结构的优化升级,居民的健康意识与生活观念不断更新,并越来越关注自己的健康状态和生活质量,从而积极参与对身心健康有益、对形成健康生活方式具有重要意义的体育活动,因此,体育人口急剧增加。

另外,随着长三角地区居民健康意识的提升和生活条件的改善,人们对高品质生活的追求越来越强烈,消费层次也越来越高,健康生活内容越来越丰富,生活方式的改变也十分明显,而且在追求优质物质生活的同时也追求精神生活,满足精神需求。若能推动具有健康性、塑造性和激励性的体育产业与健康产业协同发展,便能使人们的健康生活需求、精神需求同时得到满足,综合性需求得到满足的群众更易自觉养成科学健康的生活习惯。

3. 打造健康发展环境

作为新兴绿色产业的重要组成部分,体育产业具有耗能低、污染少等产业特征与优势,发展体育产业不仅能拉动经济发展,还能改善生态环境质量。促进体育产业与健康产业的高质量协同发展,可以打造一种健康的社会发展环境,使人们更加关注健康,关注生态,更加积极地参与体育锻炼,参与有特色的体育健康项目,从而使人们的生命活力得以彰显。

在我国不断推进城镇化建设、加强乡村振兴的当下,推动长三角体育产业与健康产业高质量协同发展,能够助力长三角地区新农村建设,加快城镇化建设进程,打造具有健康特色和体育色彩的小镇,建设与完善体育健身功能区、体育休闲功能区、体育社交功能区等,优化体育小镇空间布局方式。同时,在体育产业与健康产业高质量协同发展的条件下,能进一步优化配置长三角体育资源与健康资源,将更加丰富的体育旅游项目、体育赛事、体育健身项目、体育文化活动等提供给群众,通过深入开发体育健康产业资源,释放体育文化魅力,让居民在更加健康和谐的社会环境中生存与发展。

长三角体育产业与健康产业的高质量协同发展不是一朝一夕的事,需要从多方面加以努力,下面主要分析在区域一体化背景下推动长三角体育产业与健康产业高质量协同发展的重要策略。

(三)区域一体化背景下我国体育产业与健康产业协同发展的策略

1. 促进产业链融合空间的拓展,使产业价值不断提升

随着长三角体育产业的快速发展,各方面不断趋于完善,独具特色的体育产业价值链逐渐形成。一般来说,核心技术在产业链中往往居于主导地位,对整个产业链的运行起到维系的作用。体育产业链包含休闲健身、竞技体育、伤病康复等内容,健康产业链包括疾病预防、疾病治疗等。这两大产业链上有共同的元素,在推动长三角体育产业与健康产业高质量协同发展的过程中,可以整合两大产业链上的相同元素,构建新的体育健康产业价值链,如图 5-9 所示。

从图 5-9 来看,可以将疾病的预防、康复等环节作为推动长三角体育产业与健康产业高质量协同发展的着力点,在疾病预防、病愈康复上打造新的价值链,开发新产品,拓展产业空间。具体到各自产业链的调整中应各有侧重,如在体育产业价值链上,前部应该是休闲健身和体育竞技,以强身健体、身心愉悦为主旨,把与健康产业链上相似的疾病治

疗放在后部,作为体育产业的补充,起到强化的效果。

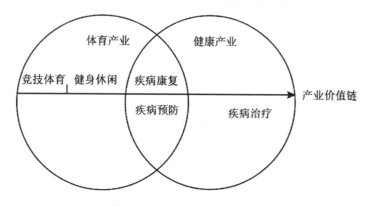

图 5-9　体育产业和健康产业协同发展模式[①]

2. 引进新技术,优化高质量协同发展效果

产业的发展离不开技术的支撑,产业协同发展更需要新技术的支持。如果没有良好的技术条件,长三角体育产业与健康产业的高质量协同发展是无法实现的。在科技迅猛发展的当下,技术成为产业决策者的重要武器,如果能够利用好这件武器,就能充分发挥其在产业高质量协同发展中的重要作用,决策者还可以利用这件武器来检验产业协同发展的成效。正因为有技术的加入,产品更新换代、优化升级成为产业发展的必然结果。体育产业和健康产业同样如此,如果只是固步自封,原地不动,则无法进步,终将被淘汰。所以,在体育产业与健康产业的高质量协同发展中,要将新兴技术有针对性地运用其中,打造更易被消费者接受的体育健康产品与服务,并利用新技术打造体育健康产品共享平台,建立体育健康信息管理系统,为消费者提供优质的产品与便捷的服务。

3. 加大对体育健康产业的扶持力度

长三角体育产业与健康产业的高质量协同发展离不开政府的大力扶持。政府对两大产业的重视程度、期待程度直接影响投入程度。体育产业和健康产业就其自身而言都是复杂的产业结合体,它们的结合、协

---

① 胡若晨,朱菊芳.体育产业与健康产业高质量融合发展研究[J].体育文化导刊,2020(11): 78-83+104.

同发展需要资金和技术的支持,如果缺少必要的资金和技术,二者协同发展就会受到阻碍,而且有时候资金问题不是简单地通过融资就能解决的,必须有国家这个坚强后盾给予支持。要顺利推进长三角这两大产业协同发展,就必须发挥好政府的摆渡者角色,政府组织可专门针对新兴产业发展定期投放资金,并出台税收优惠政策,以支持与促进长三角体育产业与健康产业高质量协同发展。

4. 打造体育健康产业品牌

要判断长三角体育产业与健康产业协同发展的效果,最直接的说服力莫过于产品,产品只有被广大消费群体接受,才能在市场中占有一席之地。要想让人们支持体育产业与健康产业的高质量协同发展,就要打造高质量的产品,刺激人们的消费欲望,满足消费者高层次的消费需求。打造高质量产品,不能忽视品牌效应,好的品牌能吸引一些消费水平较高的消费群体。因此,打造产品的品牌,首先要保证产品质量过硬。因此在推动长三角体育产业与健康产业协同发展的同时,要注重产品的质量,以市场为导向打造特色品牌,扩大品牌效应,提高产品竞争力,提高消费者的满意度,提高两大产业高质量协同发展的效果。

5. 推动体育产业与健康产业的多元融合

构建产业生态及促进各类资源要素的协同发展是长三角体育产业和健康产业高质量协同与深度融合发展的核心。二者的深度融合不仅需要政府政策、制度和服务的支持,还需要社会机构的扶植与帮助,需要技术保障和人才支持,具备这些条件,才能促进协同发展效率的提升和融合发展质量的优化。体育产业与健康产业的融合路径如图5-10所示。

(1)制度要素的融合

当前,我国社会治理的新范式主要是"精准治理",其要求政府基于现实制定发展目标,获取全面精准的个体化信息,科学严谨地挖掘分析信息,选择与之匹配的政策以做出科学化、精准化的决策。长三角体育产业与健康产业的协同与融合发展是一项涉及多部门协同参与、共建、培育和发展的系统工程,需要政府在制度层面进行融合,使公共政策的精准性进一步提升。

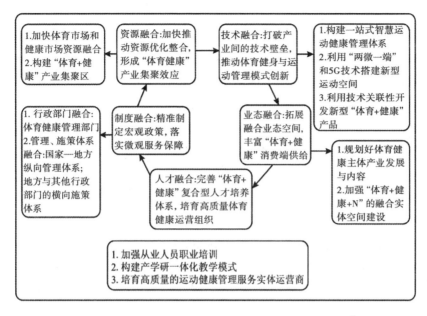

图 5-10　体育产业与健康产业协同、融合发展的路径 ①

（2）资源要素的融合

资源融合主要包括市场资源融合、生产要素融合、企业组织融合等。现阶段,长三角是我国体育产业和健康产业发展的主阵地之一,在该区域率先推动体育产业和健康产业的协同发展,形成产业集群,需要加强各类资源的有效融合与优势互补。

（3）技术要素的融合

在新技术出现以前,体育产业和健康产业之间存在技术壁垒,导致体育企业和健康产业的产品和服务存在明显的条块分割。而技术创新能够促进生产要素和生产条件的全新组合,进而形成新的产品。随着信息技术的日趋普及与发展,体育产业与健康产业之间的界线不再那么绝对,两者融合与共生的可能性越来越大,通过技术要素的融合能够改变过去二者割裂发展的态势,弥合二者之间的"技术鸿沟",为协同发展提供技术支撑。

①　刘河杉.健康中国视域下体育产业与健康产业融合发展路径研究[J].林区教学,2021（3）：89-91.

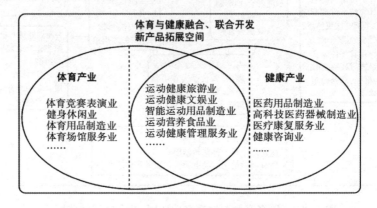

（4）业态要素的融合

产业融合理论认为,技术革新和生产效率提高使不同产业间的界限出现重叠,促进产业间的功能互补和延伸。找到产业交叉的契合点,形成融合发展新业态,有助于推动相关产业的协同与融合发展。体育产业与健康产业融合业态空间如图 5-11 所示。

体育与健康融合、联合开发
新产品拓展空间

体育产业

体育竞赛表演业
健身休闲业
体育用品制造业
体育场馆服务业
……

运动健康旅游业
运动健康文娱业
智能运动用品制造业
运动营养食品业
运动健康管理服务业
……

健康产业

医药用品制造业
高科技医药器械制造业
医疗康复服务业
健康咨询业
……

图 5-11　体育产业与健康产业融合业态空间[①]

（5）人才要素的融合

体育产业和健康产业的协同发展离不开人才要素的融合,尤其是既懂体育产业管理又掌握健康产业技术和知识的复合型人才。

二、路径二：长三角体育产业与旅游产业的协同发展

随着我国体育产业与旅游产业的不断发展以及"融合发展""高质量协同发展"等理念的兴起,体育产业与旅游业逐步相互渗透、相互融合,形成了体育旅游产业这一新的产业形态。在这一背景下,推动长三角体育产业与旅游产业的高质量协同发展,加强对二者的协同管理,对提高长三角区域体育旅游产业的发展水平具有重要意义。

①　刘河杉.健康中国视域下体育产业与健康产业融合发展路径研究 [J].林区教学，2021（3）：89-91.

（一）体育产业与旅游产业协同发展的重要意义

1. 理论意义

随着社会经济的快速增长，人们对于文化娱乐产业的要求不断提高，现有的产业已经不能满足人们追求健康与娱乐的双重体验，所以产业的融合发展势在必行。产业融合打破了产业之间的壁垒，使相关产业能够更好地进行衔接和整合重组，建立一条新的价值链。体育产业也在这种背景下不断与相关产业融合，提高产业多样性，促进产业发展。在学术方面，不同的学者对于产业融合有着不同的看法和理解，但综合来看，都可以统一于一个方面，都认为产业融合就是通过产业的分解重组形成新的产业链，扩充相关产业市场并形成新的产业发展模式，从而达到良好的产业融合效果。

在体育产业与旅游产业协同与融合的过程中，旅游产业通过将体育项目、互动等融入旅游中去，形成新的旅游模式，不仅吸引了大批消费者，扩充了旅游业市场，对于体育产业来说也突破了发展的瓶颈，满足了消费者的需求，同时改善了体育产业的结构模式，使体育产业打开了新的市场。

一些经济学家通过运用相关数学模型，计算出体育产业与其他产业的关联度，见表5-1。

表 5-1　体育产业与其他行业的产业关联度 [①]

部门产业	关联度	关联强弱
旅游业	0.21	强
服装业	0.13	强
交通通信业	0.123	强
建材业	0.11	强
食品业	0.014	弱
机械业	0.008	弱

---

① 许璐.体育产业与旅游业融合发展模式的实证研究[D].武汉：武汉体育学院，2019.

从上表中不难看出,体育产业与旅游业的关联程度最强,可以达到0.21,这说明体育产业与旅游业的联系相对紧密。

体育产业与旅游产业的协同发展对二者的发展都十分有利,可以实现双赢。从体育产业的角度来看,它保留了体育产业的特点,并将体育运动的魅力展现给更多的游客,提高了体育经济的发展水平。从旅游业的角度来看,将体育元素融入旅游业中,丰富了旅游资源,增加了旅游项目,丰富了旅游的内涵及体验感。体育旅游产业的发展构建出一个相互联系、协同发展的产业融合现状,二者的协同发展能够使整个社会的经济效益与社会效益得到有效提高。

2. 实践意义

我国体育产业近些年来的发展情况较好,发展前景也比较光明。尤其是近几年来,在国家政策的推动下,大量的体育企业逐渐在市场上涌现出来,这不仅扩大了我国体育产业的发展规模,而且提高了体育市场竞争的激烈程度,也使得一些传统体育产业的问题明显地暴露了出来,其中产业运营模式单一就是传统体育产业发展中存在的一个重要问题。对于传统体育产业来说,探索新的运营模式,在融合理念及协同理论的指导下走协同发展之路具有重要的实践意义,主要体现在如下几方面:

第一,体育产业自身定位不够广泛,与其他娱乐产业相比还有一定的差距。电影、唱歌等娱乐产业项目基本实现了大众化,而且这些项目在发展中主要走娱乐化之路,能够使人们的娱乐需求得到满足。相对来说,体育的专业性较强,其娱乐性不及常见的娱乐项目,在文娱产业市场中,体育不具备竞争优势,很多人因为体育的专业性较强而不愿参与其中。因此,要发展体育产业,就要将娱乐的、旅游的元素融入其中,丰富体育产业的内容,创造多元化的体育娱乐和体育旅游产品,促进产业市场占有率的增加,如此才能使体育产业获得更广阔的发展空间,在文娱市场和旅游市场中发挥竞争优势。

第二,人们对体育项目的偏好因为地区、政策、年龄、职业等因素的影响而有区别。经济是影响我国体育发展的重要因素,我国各地区体育发展失衡很大一部分原因就是经济发展存在地区差异。总体来说,大众化的项目如足球、篮球、乒乓球等在我国各地广泛分布,在各地都有很多参与者。相对来说,田径、网球、游泳等项目的分布就比较有限,还没有达到很高的普及程度。如果将这些项目融入旅游中,利用旅游地的地理优势和客流量来拉动这些项目的发展,提高大众参与度,将会大大提高体育项目的普及性,并增加旅游地的经济效益。

第三,发展体育产业需要用长远的眼光进行合理规划,但目前体育部门在这方面并没有做到位,系统的体育产业链还未形成,体育产业发展存在重局部、轻全局的弊端。体育赛事、体育教育、体育俱乐部等在体育产业的发展中是比较受重视的,但体育服务的发展却没有引起重视,这就需要有实力的企业将这方面的空缺填补起来。目前,我国部分体育产业缺乏开放性、规模性,体育部门应与地方相关部门协商,在市场经济环境下适当整合产业,实行兼并策略,促进体育产业架构的健全,以持续发展体育产业。在构建体育产业发展架构时,尤其要关注其与旅游业的融合与协调发展,扩大体育产业的规模,促进地方经济结构的优化升级,这也是促进旅游业内涵不断丰富的重要举措。总之,体育产业与旅游产业的协同发展能够产生巨大的力量。

（二）体育产业与旅游产业协同发展的可行性分析

1. 具备基础条件

（1）体育和旅游的本质具有一致性

体育是人的主客体统一于身体的实践活动,能在改造身体的同时,改造人本身,达到身心合一的效果。人也是旅游的主体,旅游是人在空间上从一个地方到另一个地方进行游览、观光、娱乐等的实践活动,以改造人本身,达到身心合一。两者都是改造人的过程,是人的自我设计、自我造就的过程。两者都是人类精神生活中不可或缺的一项活动。在人类漫长的历史中,身体娱乐在人类活动中处处存在,人类的身体娱乐活动不仅充斥在平常的生活中,而且对人类文化、精神的发展有很大的影响。从各种身体娱乐活动中都能看出体育的影子。在忙碌的现代生活中,体育在维护和促进人类身心健康方面发挥着越来越重要的作用。旅游的本质也是追求愉悦和身心健康,通过运动来丰富精神世界,让人的身心能够得到愉悦放松,从而获得满足感和幸福感。体育和旅游在本质上是一致的,可以融合为以体育活动为依托的旅游项目,或者是产生一定空间位移的体育活动观赏或体育活动参与。

（2）体育与旅游的参与体验感具有一致性

人们选择体育和游戏在很大限度上是为了体验乐趣。从中国古代西汉时期的百戏图到现代社会中的各种体育运动项目都充分说明了身体游戏具有的广泛性和娱乐性。体育与旅游都是满足人们获得某种精神需求的手段，可以使人们获得良好的体验感，这一共性是两个产业融合与协同发展的基础条件。

2. 具备政策条件

体育产业是一个新兴的、生命力强大的产业，也是第三产业中不可或缺的一部分。随着国家经济和社会的发展，我国将"全民健身战略"上升为"国家战略"，并出台了一系列文件支持体育产业发展，推动体育产业融合，其中就包括对体育产业发展产生深远影响的《关于加快体育产业促进体育消费的若干意见》（简称 46 号文），它标志着初步形成了扶持体育产业融合发展的政策背景。46 号文中指出："至 2025 年，我国的体育产业总规模要达到甚至超过 5 亿体量，同时提出我国提升人们身体素质和健康水平的主要途径就是发展体育产业、体育事业，推动体育的普及，满足人们对于生活娱乐的要求，从而培育新的经济增长点。"46 号文件出台后，我国各级地方政府都积极采取措施（搭建体育平台，引入品牌赛事，建设 15 分钟健身圈、发展全域旅游等）推动地区体育产业发展，这些成为促进体育产业与旅游产业融合与协同发展的重要动力。随后，国务院又相继颁发了《关于加快发展旅游业的意见》《国民旅游休闲纲要（2013—2020 年）》《国务院办公厅关于进一步促进旅游投资和消费的若干意见》等文件，文件强调：结合旅游业，找寻并培育新的体育消费热点，推进体育产业与旅游等相关产业的整合重组，努力开发适宜大众休闲的体育旅游项目，积极推动体育健身旅游、户外体育旅游、自驾游、骑行等体育旅游活动，加强体育竞赛表演业、体育健身业与旅游业的融合发展，努力做到体育场馆的全域开放，提升体育服务业的标准，努力建设集体验、体育项目、养生、观光为一体的全国体育特色旅游小镇，鼓励社会资本的进入及开发，发展与体育旅游相关产业链。

（三）区域一体化背景下长三角体育产业与旅游产业高质量协同发展的路径与创新机制

1.路径机制

产业的协同过程主要包括两个阶段,即产业价值链的解构阶段与重构阶段,这是基于产业价值链视角研究得出的结论。

（1）解构阶段

产业分工的专业化、细化是产业价值链解构的基础,产业中的各个环节如研发产品、生产制造、市场销售等具有相对独立性,它们各自运作,而且密切联系,在市场需求、政策环境等成熟的外动力条件出现后,在这些条件的作用下,产业价值链中具有"融合点"的环节就会从中分解出来,成为单独的活动单元,这是产业价值链重构、产业融合的一个基础条件。

旅游产业价值链是一个系统的价值增值活动链,其中的独立活动单元是相互依存的,包括旅游规划、旅游资源的开发、旅游产品的生产与营销、旅行社相关旅游服务的提供、旅游者的消费等。这些独立的活动单元简化后大概包括四个环节,如图 5-12 所示,它们构成了旅游产业价值链的分析框架。

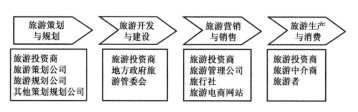

图 5-12　旅游产业价值链的分析框架①

产业价值链是一个产业价值网络系统,其具有一定的复杂性,体育产业价值链比一般的产业价值链更为复杂。体育产业价值链的分析框架包括四个环节,如图 5-13 所示。

---

① 杨强.体育旅游产业融合发展的动力与路径机制[J].体育学刊,2016,23（4）：55-62.

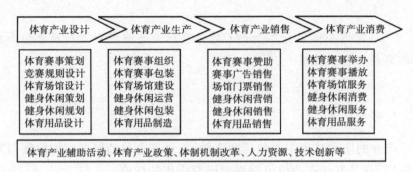

图 5-13　体育产业价值链的分析框架[①]

（2）重构阶段

体育产业价值链与旅游产业价值链中独立的活动单元能够在技术、市场、业务三个层面相互融合，这些新的价值融合点是建立在截取与重构原有产业价值链基础上的。出现这些融合点，主要因为有内在推动力（体育资源的资产通用性）与外在拉动力（旅游消费结构层级提升）的共同作用。产业价值链重构的三个融合层面中，技术层面的融合是基础，业务层面的融合是核心、市场层面的融合是产业价值链重构的结果，三个层面的融合推动了体育产业与旅游产业的协同发展。

2. 创新机制

体育和旅游给参与者带来的体验感相似，旅游产业与体育产业没有特别严格的边界，在这些基础条件下，再结合内外动力的共同作用，体育产业与旅游产业的协同形成了新的机制，包括参与性融合机制、观赏性融合机制以及购物式融合机制，如图 5-14 所示。需要注意的是，体育产业与旅游产业融合的创新机制是以体育产业资源和旅游产业资源为核心的。

---

① 　杨强.体育旅游产业融合发展的动力与路径机制 [J].体育学刊，2016，23（4）：55-62.

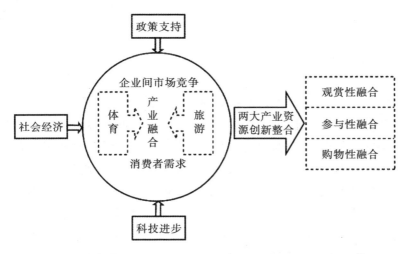

图 5-14　体育产业与旅游产业协同与融合发展的创新机制 [①]

（1）参与式融合

参与式融合机制强调旅游者的亲身体验。融合了体育与旅游元素的产品与服务能够给人们带来新的体验,体育体验与旅游体验的结合是体育与旅游发展的一个方向。体育活动与旅游活动在身心价值上的一致性使体育产业和旅游产业在参与层面上的融合创造了很大的可能性。

（2）观赏式融合

体育赛事产业是体育产业的重要组成部分。体育赛事竞争激烈,比赛结果充满悬念与未知,这对体育爱好者具有很强的吸引力。世界性大型体育赛事和成熟的职业体育赛事能够吸引广大观众进入现场观看,他们可以从中获得更直观与更刺激的体验。

（3）购物式融合

随着体育人口的大量增加及大众在全民健身中参与度的提升。人们在运动装备、体育用品、体育纪念品、体育藏品等方面的消费投入越来越多。购物式融合方式能够产生一定的集聚效应,如人们会集中在体育特色区、博览会等地方进行购物体验。

需要注意的是,长三角体育产业与旅游产业的上述三种融合机制密不可分,相互促进,推动了长三角体育旅游产业的高质量发展。

---

① 杨强.体育旅游产业融合发展的动力与路径机制[J].体育学刊,2016,23（4）：55-62.

3. 动力机制

（1）内在动力

①市场竞争

作为产业发展中的微观主体,企业以执行者的角色发挥主导作用,推动产业发展。企业也是产业中的基础单位,随着市场竞争日趋激烈,企业必须加强创新,将最好的产品和最被需要的产品提供给消费者。体育产业包含体育用品业、体育健身休闲服务业、体育竞赛业等内容,体育产业的竞争表现在这些内部产业的竞争上,其中已经进入白热化竞争状态的是体育用品业。此外,体育健身休闲服务业和体育赛事产业也在积极抢占市场先机,展开一轮新的竞争。体育健身休闲活动及体育赛事活动的空间、环境都比较特殊,比较易于与旅游产业融合起来。此外,长三角正在深入开发旅游产业,旅游业的发展也处于激烈的竞争期,旅游业和体育娱乐活动、体育赛事活动等的结合是旅游业发展的一个重要方向。不管是旅游产业,还是体育产业,二者的发展都离不开激烈的市场竞争这个重要动力,市场竞争也推动了这两大产业的融合与协同。

②消费者的需求

消费者的需求是长三角体育产业和旅游产业协同发展的重要动力来源,这个因素也决定着二者协同后形成的新产业即体育旅游产业的发展水平。随着长三角居民消费水平的提升,体育产业与旅游产业的发展有了新的驱动力。现在,经济发达地区的消费者在购买体育旅游产品或服务时,不仅看重产品或服务的基本功能,还看重产品的综合性,也就是除了基本功能外的其他特色和价值。现代人会在快节奏的生活之余,在难得的闲暇时间参加一些能够让身心放松下来的活动,提高体力和活力,获得愉快的体验。另外,随着职业体育赛事的不断发展,热爱体育的大众也希望有机会在现场观赛,跨越地理空间障碍而获得更好的观赛体验。可见消费者的需求越来越多,也越来越高,消费者越来越期待能够满足自身多元化需求的体育产品和旅游产品,这就促进了体育产业与旅游产业的一体化与融合。

从国家旅游市场消费结构的变化来看,高级化和多元化是基本趋势。健康的旅游、高质量的旅游体验是现代人对旅游更高层面的要求。越来越多元与高级的旅游消费结构作为一个重要动力拉动了旅游者的参与性消费和体验性消费,旅游者的这些消费需求在体育旅游业中能够得到更好的满足,这是体育旅游业蓬勃发展的重要动力。体育旅游的活动项目有登山、潜水、马术等,这些与传统的观光旅游有很大的区别。体育旅游的参与群体比传统景点式旅游更广泛,消费需求也比传统旅游更多元,这都是体育旅游的主要特征。旅游者的消费需求基本集中在六个方面,即"食、住、行、游、购、娱",体育产业与旅游产业相融合后,人们对体育旅游的需求除了以上六个方面,还有几个新的需求,可以集中概括为商(体育商务旅游,如网球、高尔夫等)、养(体育养生旅游,如体育保健与养生)、学(体育研学旅游,如户外运动及拓展训练项目)、闲(体育度假旅游,包括球类、水类、骑行类等休闲运动)、情(体育赛事旅游,如观看赛事,宣泄情感)、奇(体育探奇旅游,如登山、跳伞、探险等)。[①]

旅游者的"商、养、学、闲、情、奇"等需求进一步促进了旅游市场结构的优化,促进了旅游消费结构的高级化,围绕这些新的消费特征,长三角体育产业与旅游产业呈现出高质量协同发展的趋势。总之,旅游消费结构层次的变化及旅游消费水平的提升促进了长三角旅游产业的转型升级及其与体育产业的高度一体化。

(2)外在动力

①科技发展

科技进步是产业融合发展的重要支持条件,技术的支持程度在一定意义上决定了产业融合的深度。随着信息技术的不断发展及互联网思维理念的出现,体育产品、体育服务及旅游产品及旅游服务都有了一定的创新,科技能够将消费者的需求转化为现实,促进消费者需求的满足。科技发展给我们的生活带来了方便和快捷,也使我们的生活更加丰富多彩。科技革命为产业协同发展提供了很好的机会,在信息社会,市场信息传播迅速,企业、市场及消费者的关系越来越紧密,产业之间形成了更深、更广、更多元的互动关系,融合性极大增强。

②社会的发展

随着长三角地区居民消费水平的日渐提升和消费理念的科学化与健康化转变,消费结构越来越高级,大众对消费品有了更加多元与严格的要求。在闲暇时间,体育爱好者开始研究怎么进行体育游玩活动和娱乐活动。经济社会的进步使得人们把目光从"玩什么"转向"怎么玩",

---

① 杨强.体育旅游产业融合发展的动力与路径机制[J].体育学刊,2016,23(4):55-62.

消费者消费思维的转变为产业发展提供了持续的动力。体育和旅游都能满足人们对"玩"的需求,将体育产品和旅游产品结合起来能够使人们"玩"得更好,有更愉快的体验。

(四)长三角体育旅游产业的高质量发展路径

1. 构建体育旅游市场体系培育模式

体育旅游市场的主要构成要素是体育旅游产品的生产者、产品销售者、产品消费者,这三个要素之间存在着密切的经济关系。选择和确定目标市场是对体育旅游市场进行科学培育的第一步,只有先确定了目标市场,才能有针对性地开展培育工作。而要想进一步促进长三角体育旅游市场体系的完善,就要充分发挥体育旅游经营者、旅游者、管理者等相关人员的作用,长三角体育旅游业发展的经济效益、社会效益和环境效益的统一实现,主要取决于区域体育旅游市场体系的完善程度。图5-15所示的体育旅游市场体系培育模式能够为长三角构建与应用体育旅游市场体系培育模式提供参考。

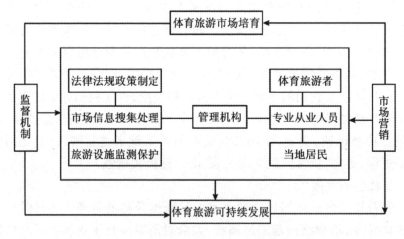

图 5-15 体育旅游市场体系培育模式 [①]

---

① 金媛媛,王宏威.体育与旅游产业融合发展的路径与协同治理机制研究 [C]// 中国体育科学学会(ChinaSportScienceSociety).2015 第十届全国体育科学大会论文摘要汇编(二).中国体育科学学会(ChinaSportScienceSociety): 中国体育科学学会,2015: 1611-1613.

2. 开发特色体育旅游产业

为贯彻落实长三角地区体育产业合作协议,促进长三角体育与旅游产业协同,推动长三角体育产业高质量一体化发展,必须高度重视对长三角特色体育旅游项目的开发,广受体育旅游爱好者喜爱的上海佘山国家旅游度假区、上海碧海金沙景区、江苏龙池山自行车公园、浙江杭州桐庐纪龙山神仙峰运动休闲旅游基地等都是能够充分体现地方特色的体育旅游项目,借鉴这些项目的开发经验,进一步深入挖掘长三角特色体育旅游资源,开发丰富多样的特色化、精品化体育旅游路线,将对长三角体育旅游产业的高质量发展起到重要的推动作用。

三、路径三：长三角体育产业与文化产业的协同发展

在信息化时代,随着现代技术的迅猛发展,我国各类产业的发展呈现出低碳化、智能化、协同化、融合化的趋势。体育产业与文化产业的协同发展是信息技术发展的必然结果,是信息时代的要求,也是体育产业演进与发展的主要态势。体育产业的发展需要文化产业来支撑。在文化产业的支撑下,体育产业的发展方向将更加明确,体育产业反过来也能支持文化产业的发展,促进文化产业链的拓展,为文化产业的发展提供特殊的平台。在区域一体化背景下推动长三角体育产业与文化产业高质量协同发展,既能促进长三角体育产业核心文化内涵的丰富,又能推动长三角文化产业的具体发展,二者相辅相成,紧密联系,协同发展对二者均大有裨益。

(一)体育产业与体育文化产业的关系分析

1. 体育产业促进文化产业内容、内涵的不断丰富

近年来,随着国家对体育事业的高度重视,各大电视、网络平台上关于体育栏目的点击率有了显著提升,富有文化内涵的体育栏目的点击率尤其高,得到了体育爱好者的关注。与健身、竞技比赛有关的体育栏目同样颇受关注。此外,市场上的先进体育设备不断涌现,移动终端的体育相关 App 也不断发布上线。媒体行业在体育产业的带动下获得了良

好的发展,与此同时,体育产业市场发展潜力很大,借助这一优势,再加上媒体行业的加入,能够有效推动体育产业与文化产业的协同发展。

促进体育产业与文化产业的互动与协同发展,能够促进体育文化产业内容和文化内涵的丰富,使体育文化的影响力得到提升,使体育的魅力被更多的群众认识到,调动大众参与体育运动的积极性,扩大体育人口规模,促进全民体质的增强和体育文化产业的良性发展。

2. 体育产业为文化产业的发展提供必要的条件

我国体育产业的发展历经坎坷,有不少成功的经验,也有很多失败的教训,文化产业的发展可以参考借鉴体育产业发展的经验,也能从中吸取教训,从而认清现实,扫除障碍,寻求科学有效的发展模式,实现包括体育文化产业在内的各类文化产业的健康、稳定发展。

体育赛事产业是体育产业的重要组成部分之一,体育赛场上运动员百折不挠的体育精神、付出的努力与汗水值得每个人学习,永不磨灭的体育精神赋予体育赛事更深层的意义,这也能够为相关文化产业的发展提供宝贵的素材,为文化产业的发展提供必要的条件,带动文化产业的发展。

3. 文化产业对体育产业的发展具有推动作用

随着体育产业市场的不断扩大和体育消费者的增加,体育产品和体育服务的市场需求越来越大,亟须加大体育产业与文化产业的协同发展力度,打造更多具有特色的、能够满足消费者需求的体育文化产品。此外,还须完善体育文化服务,促进体育产业的影响力进一步扩大,使体育产品和服务满足消费者需求,获得人们的认可,还能激励更多的人参与体育运动,传承体育精神文化,为体育产业的可持续发展打好基础。文化产业能够指引体育产业的发展,形成新的体育产业形态,促进我国体育产业发展空间的扩大和市场竞争力的提升。

(二)区域一体化背景下长三角体育产业与文化产业高质量协同发展的建议

体育产业与文化产业之间关系密切,二者相辅相成、相互促进,因此有必要促进长三角体育产业与文化产业的协同发展。这既需要政府的支持与推动,又需要企业自身的努力。下面是一些具体的发展建议。

1. 加强政策扶持

在长三角体育产业与文化产业的高质量协同发展中,在体育文化产业价值链的不同环节会发生一些整合或重组的现象,因而政府的政策支持和引导至关重要。只有政府出台有利的协同发展政策,二者的协同发展才更有保障。因此,长三角各地政府需根据实际情况出台对长三角体育产业和文化产业协同发展的专门法律法规从而起到指引、支持和保障作用。完善相关的法律体系,制定专门的协同发展规划,可以使各项政策红利真正落实,推动长三角体育产业与文化产业的协同、协调发展。

2. 政府发挥引导作用

长三角体育产业与文化产业协同发展已是大势所趋,政府除了要加强政策扶持外,还要发挥好引导作用,如监管产业市场,宣传科学理念,培养专业人才,从而引领二者有序发展及深度融合发展。

具体而言,政府可以从以下三个方面发挥引导作用:

第一,政府对长三角体育产业与文化产业协同发展的评估机制、监督机制予以建立与完善,将二者协同发展的标准、准入条件落实到位,加强基础建设,提供基本保障。

第二,结合供给侧结构性改革理论对产业协同发展的科学观念进行宣传,争取广泛的社会支持,强化大众的消费意识,这对长三角体育产业与文化产业的高质量协同发展具有重要意义。

第三,加强专业人才培养,开发利用有效的人才资源,致力于对专业人才培育模式的建立与完善,将有关资源整合起来支持体育学科与文化学科的科研工作,开设跨学科专业课程,培养复合型人才,使其在长三角体育产业与文化产业的协同发展中发挥主体作用。

3. 企业积极构建产业协同发展的创新战略体系

在长三角体育产业与文化产业的协同发展中,区域内相关企业要树立协同发展的产业理念,并要有行动意识,出台协同发展的创新战略,提升自己的市场竞争力,拓展自己的市场空间,提升跨界经营能力。在构建产业协同发展的创新战略体系中,要立足市场实情,将战略基点、战略目标确定下来,对战略核心予以明确,同时要不断提升自我创新能力,促进创新战略体系的有序运行,如图5-16所示。

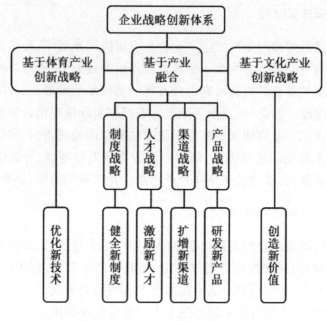

图 5-16　企业创新战略体系[①]

4. 企业注重合作共赢和品牌管理

为推动长三角体育产业与文化产业的高质量协同发展,有关企业还需要重视合作共赢,通过合作实现资源共享和优势互补,从而分散市场风险,巩固企业战略,明确企业方向,实现多边共赢。

此外,企业还要注重服务能力的提升和品牌形象的管理。服务能力是现代服务型企业的核心竞争力,企业要注重提升与维护自己的服务能力,使自身在市场经营中获得竞争优势。同时,企业需要塑造良好的品牌形象,积极进行产品的更新与升级,为消费者提供良好的产品与服务,从而获得消费者的信任。

5. 统一思想打破区域行政藩篱

没有思想上的高度统一,就不会有行动上的高度一致。统一思想

① 刘鹏.供给侧结构性改革背景下山东省体育产业与文化产业融合发展研究[D].曲阜:曲阜师范大学,2020.

要求各地摒弃过去"一亩三分地"的地方主义和地方保护思想,从"全局一盘棋"的高度进行跨区域有效沟通和协调,有勇气、有担当地深化体制机制创新,持续破除长三角文化产业集群一体化发展中的各级各类行政壁垒,真正实现长三角区域内的文化产业资源共享、共建的合作图景。

6. 坚持集群发展"双效统一"价值导向

文化企业不能简单地把寻求经济效益最大化作为自己的价值诉求,文化产业集群也应承担起传承中华优秀传统文化、服务社会主义文化繁荣的社会重任。此外,长三角各地文化主管部门应积极发挥"设计者"和"监督者"的作用,协商制定集群发展"双效统一"的价值评价体系和具体评价办法,定期对集群发展综合成效进行评估和监督,根据评估结果提出优化办法,并动态调整相关政策法规。

7. 健全文化产业(集群)一体化公共服务平台

在区域一体化视角下,为提高长三角集群发展集体效率,集中帮助长三角区域内文化产业集群企业解决共性问题,切实降低文化企业运营成本,相关部门应集中资源发展公共服务平台,合作共建、互通互享。公共服务平台要在功能上实现集成,提供包括政策信息、产业大数据、投融资、品牌营销、关键技术、就业服务、版权服务、法律援助等在内的综合性服务,为长三角符合条件的文化企业提供"一揽子"解决方案。

8. 重视公共文化服务一体化外溢效应

长三角文化产业集群的一体化发展,不应仅从产业或者经济层面考虑问题,还应重视长三角区域公共文化服务一体化建设的积极作用。公共文化服务在扩大本地文化市场规模、提高地区人力资本水平、营造区域文化艺术氛围等方面表现出来的积极外溢效应,对于推动长三角区域文化产业集群一体化高质量发展同样十分重要。

9. 多措并举提升公共文化服务品质

要以更好地满足人民群众精神文化需求为出发点,加大辖区内公共文化服务体系建设的财政投入力度。可以综合运用政府购买、公私合作等多种方式,引导和鼓励优质社会力量联合参与地区公共文化服务机构建设、普惠文化服务供给以及特色文化活动（项目）开发。要重视对基本公共文化服务标准化、均等化建设工作中成功经验的总结和区域推广，提高长三角公共文化服务体系建设集体成效。

（三）长三角体育产业与文化产业的融合发展模式

为推动长三角体育产业与文化产业的高质量协同与深度融合，可根据实际情况参考以下两种融合模式：

1. 延伸融合

延伸融合是指体育产业通过产业之间的功能互补和产业之间的产业链延伸，与具有共同市场和产品关系的文化产业进行融合。在新时期，我国大力发展第三产业，这为长三角体育产业与文化产业的融合发展创造了良好的环境。体育产业与文化产业延伸融合模式如图 5-17所示。体育产业和文化产业各自产业链的延伸和互补，形成了体育文化传媒、体育影视、体育演艺等新业态。

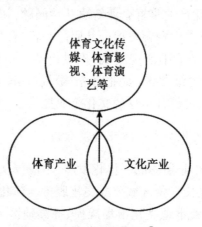

图 5-17　延伸融合模式 [1]

2. 渗透融合

渗透融合是指体育产业与高科技产业在边界处的产业融合，是通过利用新技术、新材料等高新科技对原有的产业链改造升级，形成新产品

---

[1] 罗智敏.体育产业与文化产业融合发展的理论与路径探讨 [J].安阳师范学院学报，2019（5）：97-100.

的融合过程。体育产业的渗透融合主要体现在互联网产业。通过互联网的推动,体育产业与文化产业的渗透融合模式如图 5-18 所示。

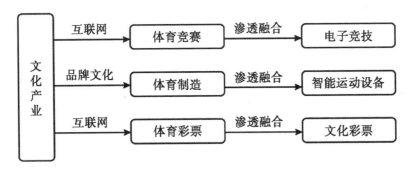

图 5-18　渗透融合模式 ①

第一,在互联网背景下,体育竞赛与文化产业渗透融合,促进了电子竞技的发展。

第二,体育制造业借助体育品牌,通过互联网技术与文化产业渗透融合,制造出智能化、移动化的运动装备。

第三,体育彩票的开发、设计、销售都包含文化产业元素,通过互联网加以催化,体育彩票、体育赛事与文化产业渗透融合,产生了一些文化彩票,呈现出了新的发展业态。

四、政策建议与措施——以长三角体育产业高质量发展为例

对于长三角体育产业协同发展应该选择什么样的道路这个问题,我们能够从发展的路径模式中找到答案。在不同的经济发展阶段,区域经济一体化发展一般有两种基本路径模式,一种是政府主导型模式(自上而下),另一种是市场主导型模式(自下而上)。现在的市场机制与政府机制有效配合型模式是后来慢慢出现的。

在长三角体育产业协同发展中,政府主导型在很长一段时间内都是主要路径模式。现阶段,长三角体育产业协同发展有了飞跃式的提升和进步,已经被纳入长三角经济一体化的国家战略中,步入了新的发展阶段,其内涵越来越丰富,无论是当前还是今后一段时期,长三角体育产

① 罗智敏 . 体育产业与文化产业融合发展的理论与路径探讨 [J]. 安阳师范学院学报,2019(5):97-100.

业协同发展的核心诉求都是"高质量"。但是,长三角体育产业协同发展总体上还处于初级阶段,长三角体育产业的一体化进程和长三角区域经济一体化发展进程相比还是落后的,如果不改变这一现状,长三角体育产业一体化将成为长三角经济一体化国家战略中的一个短板。长三角体育产业协同既有高质量的发展诉求,又必须承认依然处于初级阶段的事实,面对这一复杂交织的局面与挑战,长三角必须站在新起点上选择合适的路径模式。

(一)构建高质量协同发展的动力机制

1.强政府:政府间协调促进区域间产业同构

由于各级地方政府财政分权,因此普遍存在"各自为政"的发展趋势,彼此的协同发展还具有非常大的潜在空间。然而,在区域一体化背景下,同时从维护地区自身发展利益的角度来看,地方保护主义并不能给各地带来最大利益,而竞相开放、资源共享和优势互补才是未来共存共赢的发展趋势。在这样的认识下,长三角三省一市要努力推进体育产业及其集群的发展。在区域一体化背景下,三省一市地方政府进一步强化体育产业领域的府际协调就显得尤为重要。在区域一体化发展背景下,长三角地区体育产业高质量协同发展的重点体现在以下四个方面:

(1)提高相关政策法规的统一性和开放性

在中央及有关部委的纵向协调下,各地政府可以围绕体育产业集群及经济社会发展实际情况,就一些共性问题磋商形成标准化、体系化的框架性政策法规。要破除过去依靠竞争性政策,如在市场准入、资质认定、信用评价、税费优化、项目补贴、组织保障等方面给予特殊性优惠所形成的行政壁垒和地方保护,为体育产业区域一体化与高质量协同发展营造公正、透明、开放的制度环境。

(2)推动区域体育产业集群发展统一规划

统一规划的重点在于综合考虑各地体育产业发展比较优势,对区域范围内重点体育产业集群的产业地域分工、主导产业选择以及产业配套设计进行重新梳理。在此基础上,做好存量动态调整,在与各方主体协商一致的前提下对同行业、上下游且根植性弱的优质产业资源进行跨地区资源整合和整体搬迁,突出产业集群特色,提高资源区域配置效率。同时,以提高区域体育产业集群产业链成熟度为基本原则,引育并举,做好各地体育产业集群增量发展,逐步形成分工明确、布局合理、优势互补、产业关联的长三角体育产业集群。

（3）建立健全资源跨地区整合的补偿机制

三省一市政府部门可以共同设立长三角体育产业集群发展基金,依法依规对政府主导下集群资源跨地区整合中产生的相关主体利益损失进行合理经济补偿,提高其参与集群资源跨地区整合的积极性。

（4）探索跨地区发展"飞地模式"

这里所说的"飞地模式"或者"飞地经济",并不是传统工业经济发展中常见的产业梯度转移,而是强调打破行政区划限制,由政府相关部门主导,在长三角范围内复制和推广标杆体育产业集群发展的成功经验,如管理举措、试点政策等,从而推动长三角体育产业集群的区域高质量合作与协调发展。

2. 强市场:市场手段强化区域内产业集聚

当前,长三角多数城市体育产业集聚水平低,集群也没有形成显著的集聚效应,一个重要原因是多数体育企业选址决策的主要依据是三省一市出台的各种优惠政策,而非与集群内其他企业之间的产业关联效应。这种决策动机虽然符合企业的短期利益诉求,但会对其所在集群的长远发展造成负面影响,集群无法自发地形成高质量集聚经济,也就无法支撑集群的持续发展。

集聚经济是体育产业寻求空间集中的重要动力,因为地理邻近可以为企业带来产业专业化、产业多样化等好处。体育产业集聚或者集群发展的动力机制比传统产业更加丰富多元。在市场导向下,体育产业集群高质量发展的动力来源除了集聚经济之外,至少还包括创意氛围和企业衍生。创意氛围可以营造自由、宽松、创新的良好环境,吸引体育人才、项目、技术、资金等产业要素资源的自发聚合。企业衍生则强调体育企业间的资源共享与创新,是体育企业主动寻求空间共位进而提高集群集体效率的重要动因。

3. 创意氛围:吸聚优质要素资源

与传统产业集群不同的是,一些体育产业集群既是一个生产空间,也是一个消费空间甚至文化空间。除了体育企业及其上下游配套机构之外,体育产业集群内还会有休闲中心、健身会所等商业配套设施。这些机构的进入往往是自发的,因其捕捉到了体育产业集群中的市场机会。这些地方相对非正式,能促进信息、知识、灵感、思想等的不断碰撞,从而形成有利于创意创新的气氛。由此,可以依靠市场化手段为体育企业提供寻找创意、迸发灵感的众多非正式交流平台,进而营造浓郁的创意创新氛围,其对于长三角体育产业发展来说意义重大。创意氛围越浓厚,集群对人才的吸聚力越强,因其创造力需求和自我实现需求越容易被满足。优秀的人才被大量吸聚于集群,往往能带动与其体育生产相关的要素资源如项目、资金、技术等"闻风而来",提高体育产业集群的空间聚合度,推动体育产业集群的不断壮大和专业化程度的不断提高,进而吸聚更多的优秀人才和优质要素,最终形成积极的正向循环。

(二)建立跨区域组织机构

鉴于长三角体育产业高质量协同发展中存在的诸多问题,单依靠各种形式的"协调会议"是不能解决实际问题的,需要设立专门的长三角区域体育产业协调与协作机构。在条件允许时应尽可能成立职能化的组织协调机构,专门负责统筹规划、联系沟通、指导实施、政策法规咨询等工作,推动和引导长三角体育产业全方位、多层次的合作。

建立区域协调与协作的组织机构,以设立松散的协调机构为主,即建立非政府的、松散的协调机构,解决区域间跨界职能的问题。这类机构规模较小,运作成本相对较低,也便于企业、社会体育组织、公众的参与和监督。

现阶段,在长三角体育产业区域协作中,更多倾向于开发推广体育休闲项目、组织大型群众体育健身活动和大型体育赛事,各地体育行政部门在不影响宏观调控的前提下,主动给跨行政区的组织协调机构让渡部分权力,确保该组织机构拥有决策权。组建有权力的组织机构能够确保真正实现区域间体育资源的互补和体育产业的共同发展。

此外,要建立产业联盟,打破地方行政干预。在区域体育一体化发展中,有一个较为明显的问题就是,各个地方显性或隐性的行政干预会阻碍跨区域的协同发展进程。因此,建立产业联盟显得非常重要,通过产业联盟可以凝聚产业力量,在各个企业间和企业内部形成共识,搭建更具有建设性的空间结构,从而简化原来烦琐的反复确认和沟通的工作。另外,产业联盟在与各个地区的政府沟通协商时,因为具备较为完整和可操作性的行动建议,也极大地提高了效率,避免了原来因沟通不畅而带来的行政干预问题。跨地区的体育产业联盟客观上可以起到跨地区协调的作用,成为一种客观存在的协调机制。

(三)加强区域整体规划

长三角体育产业的高质量协同发展必然要跨行政区进行产业合作,但因为各地的行政体制不同,存在地方利益主义,所以要进行区域整体规划,制定区域整体行动方案。该方案既要有指导性、明确性,又要有约束力,而且方案要涉及长三角体育产业整体构架、发展方向及各子产业的结构空间布局等多个方面。科学合理的规划是制定与实施行动方案的基础与前提,在整体规划和统筹环节,要在"超行政区"的范围内进行全局考虑,并明确各行政区内的重点行业和区域协同发展的重点行业,明确重点发展地区和重点发展的行业,在制定行动方案后,跨行政区组织协调机构、地方政府部门等要监督行动方案的执行,确保方案有序推进。

(四)完善高质量协同发展的保障机制

体育产业的高质量协同发展离不开政府的扶持与干预,但如果政府干预过度,区域协同发展将会失去灵活性与机动性。与过度干预相对应的另一个极端现象是过度放权,这将造成各种市场乱象的发生。所以,政府要将适度管理和适度放权结合起来,完善长三角体育产业高质量协同发展的保障机制。

1.改革行政审批制度

改革行政审批制度,主要是实行投资项目管理负面清单制度,实行属地管理、即时备案、事后审核,并进一步削减各类生产许可证、经营许可证和资质认定,最大限度缩小政府审批范围,将权力清单纳入监察范围。

2. 建立监管机制

在适度放权的同时,要加强监管,杜绝监管盲区。在政府购买公共体育服务时,要将企业及相关市场主体的违法违规信息作为参考因素,对严重违法的经营主体依法予以限制或禁入,严格实施惩戒,以提高监管效果。

3. 创新绩效评估机制

为了鼓励和保证跨行政区的体育产业间的合作与协同发展,应该建立与完善绩效评估机制。绩效评估不仅是指对区际合作事项的最终效绩评估,而且应转变效绩评估方式和内容,在合作中还应对各个主体的各项投入指标和最终所得效益成果进行评估,为下一次区际是否进行合作提供理论指导。虽然以体育产业地区生产总值的增长为基础的晋升激励可以调动体育行政部门管理人员发展体育产业的积极性,但是,"高质量发展"理念将不再以体育产业地区生产总值为重点,而是以资源的合理配置、产业结构的优化升级为重点,那么区际体育产业的协同发展、统筹合理布局体育产业、谋划全局发展应成为绩效考核的标准。

第六章　结论与展望

第一节　研究结论

区域经济一体化是当今世界经济发展的潮流与趋势,区域协同发展是我国在此趋势下提出的重要发展举措,体育产业对区域经济发展具有重要的推动作用。在区域经济一体化背景下和协同发展理论的引导下,区域体育产业协同发展已是大势所趋。随着我国体育产业的不断发展,其对经济发展的促进作用更加明显,再加上我国体育产业结构的不断调整与升级,体育产业已成为国民经济新的增长点。对于各区域经济发展而言,体育产业的贡献率也越来越大,成为区域经济一体化发展的重点产业之一。在区域经济一体化发展战略机遇下,长江三角洲地区的体育产业迎来了新的发展,开启了向高质量协同发展战略转型的新征程,但因区划边界、政府自利性、区域产业基础等主客观差异的存在,长三角体育产业不均衡发展特征明显,其高质量协同发展格局有待完善。

本研究主要在区域一体化背景下对我国体育产业结构优化进行研究,并以长三角为例探索我国区域体育产业的高质量协同发展路径。首先,介绍了区域一体化与区域经济发展的相关理论,并分析了体育产业理论及其发展概况。其次,对我国体育产业结构的演进及其在区域一体化背景下的优化升级进行研究,在具体研究中以长三角为例探讨了我国区域体育产业结构状况与优化路径。再次,重点对区域一体化背景下我国长三角体育产业的高质量协同发展理论、模式进行分析,深入探索长三角体育产业与其他产业的高质量协同发展路径。最后,重点为长三角体育产业高质量协同发展构建多元支持体系。

一、主要结论

(一)长三角体育产业发展现状的全面审视

经过深入分析和研究,我们得出长三角地区体育产业在近年来呈现出蓬勃发展的态势。这一地区的体育产业规模不断扩大,总产值持续增长,已经成为推动地区经济发展的重要力量。同时,我们注意到长三角地区体育产业在发展过程中表现出的一些特点,如产业集聚效应明显、产业链条日趋完善、体育消费市场不断扩大等。

然而,长三角地区体育产业的发展也面临着一些问题和挑战。首先,区域内体育产业发展不均衡,一些地区的体育产业相对滞后,需要加大投入和扶持力度。其次,体育产业结构不尽合理,高附加值、高技术含量的体育产业比重较低,需要进一步优化产业结构。此外,体育产业人才短缺、创新能力不足等问题也制约了长三角地区体育产业的进一步发展。

(二)影响因素的深入分析

本研究对影响长三角体育产业发展的因素进行了深入分析。我们发现,政策环境是影响体育产业发展的关键因素之一。政府出台的相关政策对体育产业的扶持和引导起到了重要作用。同时,市场需求、技术进步、人才资源等因素对体育产业发展产生了重要影响。其中,市场需求是推动体育产业发展的根本动力,技术进步为体育产业发展提供了有力支撑,人才资源则是体育产业发展的核心要素。

(三)体育产业结构优化的策略探讨

针对长三角地区体育产业结构存在的问题,我们提出了优化产业结构的策略。首先,要加强体育产业集群建设,通过产业集群效应推动体育产业向高附加值、高技术含量的方向发展。其次,要加强产业链整合,推动体育产业链上下游企业之间的合作与协同,提高整个产业链的竞争力。此外,还要加强体育产业的创新能力建设,鼓励企业加大研发投入,提高自主创新能力。

（四）高质量协同发展的路径选择

在区域一体化背景下,长三角体育产业要实现高质量协同发展,需要选择合适的路径。我们提出了以下路径选择:一是加强区域合作与协同,推动长三角地区体育产业在政策、资源、市场等方面的互联互通;二是推动体育产业与健康产业、旅游产业、文化产业的深度融合与协同发展,形成多元化、复合型的体育产业体系;三是加强体育产业人才培养和引进工作,提高体育产业从业人员的素质和能力水平;四是利用大数据、云计算等现代信息技术手段推动体育产业创新发展。

（五）政策建议与措施的具体化

为实现长三角体育产业高质量发展,我们提出了一系列具体化的政策建议与措施。首先,要制定更加科学合理的体育产业发展规划,明确发展目标、重点任务和保障措施;其次,要加大政策扶持力度,加大对体育产业的财政投入和税收优惠力度;再次,要加大体育产业的监管和执法力度,维护市场秩序和公平竞争环境;最后,要加强体育产业的国际合作与交流,借鉴国际先进经验和技术成果推动长三角体育产业高质量发展。

二、研究创新

（一）时代性

新时期我国高度重视体育产业的发展,强调各类体育产业的协同、体育产业与相关产业的协同以及体育产业的区域协同,这与区域一体化的发展理念高度契合。本研究在区域一体化视域下探讨了区域一体化背景下我国体育产业结构优化与高质量协同发展具有重要时代意义。

（二）系统性

本研究首先分析了区域一体化背景和体育产业的基本理论,其次对我国体育产业结构的理论与优化、长三角体育产业结构优化进行了研究,最后重点探讨了长三角体育产业高质量协同发展的理论、现状、实现路径、具体实践以及支持体系,总体上结构合理,层层推进,系统性较强。

（三）创新性

长三角正处于体育产业发展的重要阶段,协同、集聚、一体化是实现长三角体育产业高质量发展的重要途径,这是区域一体化的客观要求。本书重点探讨了长三角体育产业的高质量协同发展理论与实践,既顺应了区域一体化的发展潮流,又使区域体育产业高质量协同发展的理论更有说服力,体现了本研究的创新性和前沿性。

第二节　研究局限与不足

本研究重点在区域一体化背景下对我国区域体育产业的结构优化与协同发展进行研究,并着重以长三角为例展开说明,针对当前我国区域体育产业的总体结构现状、长三角体育产业的结构现状提出了优化策略,并为长三角体育产业高质量协同发展战略的落实献计献策,但研究也存在如下不足。

一、数据收集的局限性

尽管我们尽可能收集了长三角地区体育产业的相关数据,但由于体育产业涉及领域广泛且数据分散,部分数据可能存在不完整或不够准确的情况。这在一定程度上影响了我们对长三角地区体育产业发展现状的准确判断和分析。未来研究需要进一步完善数据收集渠道和方法提高数据的准确性和完整性。

二、理论框架的局限性

体育产业是一个快速发展的领域,新的理论和实践不断涌现。尽管我们在研究中尽可能涵盖了相关的理论框架和模型,但仍可能存在一些局限性。未来研究需要关注最新的理论进展和实践经验,不断完善和拓展理论框架。

三、区域特殊性的考虑不足

长三角地区作为一个特殊的经济区域具有其独特的经济、社会和文化背景。尽管我们在研究中考虑到了长三角地区的特殊性,但仍可能存在一些考虑不足的情况。未来研究需要更加深入地探讨长三角地区体育产业发展的特殊性和规律性,为其他地区提供有益的借鉴和参考。

四、政策建议的深度与广度不足

尽管我们提出了一些政策建议与措施,但由于篇幅和研究重点的限制,这些建议可能不够深入和全面。未来研究需要进一步细化和完善政策建议,从多个角度和层面提出具有可操作性和实效性的政策建议。

五、未来趋势展望的不确定性

体育产业发展受到多种因素的影响,未来趋势具有不确定性。尽管我们尝试对长三角地区体育产业的未来趋势进行了展望但仍存在一定的局限性。未来研究需要更加关注体育产业发展的动态变化及时更新和调整研究结论和展望。

第三节 研究展望

在区域一体化浪潮不断涌动的当下,我国体育产业正迎来前所未有的发展机遇与挑战。随着全球经济格局的深刻变革,体育产业作为绿色、健康、时尚的现代服务业代表,已经成为推动经济增长、提升城市品质、满足人民美好生活需求的重要力量。长三角地区作为我国经济发展的重要引擎和区域一体化战略的先行示范区,其体育产业结构优化与高质量协同发展,不仅关乎本地区体育产业的转型升级,更对我国体育产业的整体发展具有深远的示范和引领作用。

因此,本研究深入剖析长三角地区体育产业结构优化与高质量协同发展的现状、问题与机遇,探讨区域一体化背景下体育产业发展的新路径、新模式,为长三角地区乃至全国体育产业的高质量发展提供理论支撑和实践指导。同时,本研究期望从如下视角做进一步的探析,挖掘更多研究的可能性。

一、构建体育产业高质量发展协同效应的形成机理与动力机制

展望未来,长三角地区体育产业结构优化与高质量协同发展将呈现出以下趋势:一是体育产业与区域经济的深度融合,形成特色鲜明、优势互补的体育产业集群;二是体育产业创新能力的显著提升,推动新技术、新模式在体育产业中的广泛应用;三是体育产业与文化、旅游、健康等产业的深度融合,打造多元化、综合性的体育服务供给体系;四是体育产业国际竞争力的不断提升,积极参与国际体育市场竞争,提升我国体育产业的国际影响力。

如何清晰、科学地解析基于区域一体化的体育产业高质量发展及其与经济、健康、环境协同发展的理论与条件,如何从内生机制、外发机制、内外联动机制三个层面解析区域体育产业高质量发展协同效应产生

的动力机制,是本研究未来需要解决的难点。

二、体育产业高质量发展的健康协同效应与环境协同效应评价

面对新时代背景下体育产业高质量发展的新要求,长三角地区体育产业需要不断突破传统发展模式的束缚,加快实现结构优化与升级。这既需要深入挖掘和发挥长三角地区的区域优势,推动体育资源的跨地区、跨行业、跨所有制整合,也需要积极探索和创新体育产业发展的新模式、新业态、新技术,推动体育产业与其他相关产业的深度融合。

要实现这一深度融合,需要展开体育产业高质量发展的健康协同效应与环境协同效应评价。协同效应评价包括经济、健康和环境三个方面的协同效应,健康协同效应研究中如何既能敏感地捕捉到体育产业高质量发展的协同效应,又能够确保这种效应是"干净"的,将其他因素的影响分离开来,以得到体育产业发展的"净"健康协同效应,环境协同效应研究中如何进一步厘清是互补效应还是替代效应及其影响,是本研究未来仍要突破的重点。

三、运用计量模型构建与运算

在区域一体化背景下,我国体育产业结构优化与高质量协同发展研究需要借助空间动态 DID 模型、断点回归法(RDD)、复合系统协同度模型等诸多前沿计量模型以及相关统计软件来实现,如在体育产业发展协同效应评价模型构建中,鉴于协同效应的多目标特点,以及实际环境的复杂性,就需要较高的统计建模技巧和较强的综合研判能力,这提升了研究的难度,未来需要在这方面做进一步的探索。

参考文献

[1] 钟敬秋. 区域体育产业发展评价与优化战略 [M]. 北京：中国水利水电出版社，2020.

[2] 蔡宝家. 区域休闲体育产业发展研究 [M]. 厦门：厦门大学出版社，2017.

[3] 童莹娟，郭子杰，胡佳澍. 长三角体育产业结构布局及区域协同发展的策略选择 [M]. 北京：九州出版社，2019.

[4] 张小林. 西部地区体育文化产业发展研究基于区域典型案例的实证调查 [M]. 北京：民族出版社，2015.

[5] 沈震. 区域环境下体育产业一体化发展研究 [M]. 北京：中国建材工业出版社，2019.

[6] 王晓林，鞠明海，朱立斌. 体育产业与区域经济发展研究 [M]. 哈尔滨：哈尔滨地图出版社，2008.

[7] 吴超林，杨晓生. 体育产业经济学 [M]. 北京：高等教育出版社，2004.

[8] 金跃峰. 区域体育产业发展的研究 [M]. 北京：中国商务出版社，2009.

[9] 周良君，肖婧莹，陈小英，等. 粤港澳大湾区体育产业协同发展研究 [J]. 体育学刊，2019，26（2）：51-56.

[10] 肖婧莹，周良君. 粤港澳大湾区体育产业协同发展：困境与出路 [J]. 中国体育科技，2019，55（12）：5-11.

[11] 梁捍东. 京津冀体育产业理念与实践协同机制探析 [J]. 智慧中国，2022（10）：56-58.

[12] 刘建梅. 成渝体育产业一体化发展空间结构探讨 [D]. 成都：成都体育学院，2022.

[13] 范靖秋. 区域经济一体化背景下成渝地区体育产业协同发展研究 [D]. 太原：山西财经大学，2021.

[14] 罗杰勋，张晓林，田贞. 成渝地区双城经济圈体育产业一体化发展探究 [J]. 体育文化导刊，2022（4）：90-95+110.

[15] 蒋晓薇，杨倩. 成渝双城经济圈体育产业协同发展研究 [J]. 四川体育科学，2022，41（4）：103-107.

[16] 余丙炎. 我国体育产业与健康产业协同发展的对策研究 [J]. 菏泽学院学报，2017，39（5）：101-104.

[17] 胡若晨，朱菊芳. 体育产业与健康产业高质量融合发展研究 [J]. 体育文化导刊，2020（11）：78-83+104.

[18] 郭成成. 健康中国视域下体育产业与健康产业融合发展路径研究 [J]. 普洱学院学报，2020，36（6）：50-52.

[19] 刘河杉. 健康中国视域下体育产业与健康产业融合发展路径研究 [J]. 林区教学，2021（3）：89-91.

[20] 徐娆娆. "一带一路" 倡议下体育产业与文化产业融合发展的新路径 [J]. 鞍山师范学院学报，2018，20（2）：91-94.

[21] 郭向，万宏. 体育产业与体育文化产业融合发展的有效策略探究 [J]. 文化创新比较研究，2020，4（36）：175-177.

[22] 罗智敏. 体育产业与文化产业融合发展的理论与路径探讨 [J]. 安阳师范学院学报，2019（5）：97-100.

[23] 刘鹏. 供给侧结构性改革背景下山东省体育产业与文化产业融合发展研究 [D]. 曲阜：曲阜师范大学，2020.

[24] 孙萌. 我国体育产业结构现状与优化对策探究 [J]. 经济研究导刊，2017（19）：18-19.

[25] 刘家辰. 大数据时代体育产业的发展路径探析 [J]. 文体用品与科技，2020（2）：15-16.

[26] 张文贤，杨品臣. 大数据时代体育产业发展的机遇与路径选择 [J]. 体育科技文献通报，2021，29（7）：33-35+52.

[27] 孔令丞，王悦，谢家平. 长三角区域一体化扩容、协调集聚与区域创新 [J]. 财经研究，2022，48（12）：34-47.

[28] 张景波. 区域经济一体化对经济高质量发展的影响 [J]. 区域治理，2020（2）：35-38.

[29] 曹吉云，佟家栋. 影响区域经济一体化的经济地理与社会政治

因素 [J]. 南开经济研究,2017（6）：20-36

[30] 曹吉云,佟家栋. 两经济体建立自由贸易区的影响因素研究 [J]. 经济管理,2011（11）：9-16.

[31] 孟永峰,杨竹晴. 京津冀区域经济一体化下的产业合作发展策略 [J]. 经济研究参考,2018（34）：16-21.

[32] 张晔海. 经济全球化视角下区域经济一体化发展研究 [J]. 黑河学院学报,2017（10）：36-37.

[33] 陈喜强,邓丽. 政府主导区域一体化战略带动了经济高质量发展吗？——基于产业结构优化视角的考察 [J]. 江西财经大学学报,2019（1）：43-54.

[34] 许爱萍. 京津冀科技创新协同发展战略研究 [J]. 技术经济与管理研究,2014（10）：119-123.

[35] 周洁,贾文毓,党海燕. 京津冀区域经济一体化现状与对策研究 [J]. 山西师范大学学报(自然科学版),2018（6）：80-88.

[36] 闫玄. 区域经济一体化的新发展及我国区域经济发展的策略选择 [J]. 时代金融,2017（12）：84-85.

[37] 任星,郭依. 区域经济与资源环境协调发展分析 [J]. 河南社会科学,2016（8）：51-59.

[38] 都泊桦,刘洪涛,廖明球. 区域经济一体化与经济增长影响效应分析 [J]. 河南社会科学,2017（12）：55-58.

[39] 乔薇. 我国区域经济一体化的建构机制研究 [J]. 经济研究导刊,2017（32）：27-28.

[40] 胡艳,潘婷,张桅. 一体化国家战略下长三角城市群协同创新的经济增长效应研究 [J]. 华东师范大学学报,2019（5）：99-106.

[41] 唐玲,周鸿. 试论区域体育经济产业布局与结构 [J]. 经济研究导刊,2017（22）：56-57.

[42] 姜同仁,刘娜,侯晋龙. 发达国家体育产业演进的趋势与启示 [J]. 武汉体育学院学报,2012,46（9）：42-49.

[43] 许璐. 体育产业与旅游业融合发展模式的实证研究 [D]. 武汉：武汉体育学院,2019.

[44] 杨强. 体育旅游产业融合发展的动力与路径机制 [J]. 体育学刊,2016,23（4）：55-62.

[45] 杨佳季. 唐山市体育产业市场环境及优化策略 [J]. 辽宁师专学

报（自然科学版）.2019,21（3）：63-66.

[46] 张亮,王文成,魏惠琳.吉林省体育产业发展影响因素研究 [J].广州体育学院学报,2018（5）：34-39.

[47] 胡俊英,于明智.后疫情时代体育产业发展的困境、机遇及对策研究 [J].辽宁体育科技,2020（6）：11-13.

[48] 兰顺领,李艳荣.全域旅游视角下体育旅游空间结构优化及路径选择：以安徽省为例 [J].吉林体育学院学报,2019（4）：26-33.

[49] 钟秉枢,鹿志海,李相如等.中国中小城镇体育休闲旅游资源的整合与优化：以北京市房山区张坊镇为例 [J].首都体育学院学报,2014（5）：388-393.

[50] 王伦国.我国体育产业可持续发展因素分析 [J].中小企业管理与科技（中旬刊）,2021（7）：49-50.

[51] 刘亮,吕万刚,赵晓慧,等.我国体育产业高质量发展的内涵辨识、理论预设与政策意蕴 [J].武汉体育学院学报,2022,56（6）：55-62.

[52] 冯彦明.对西方区域经济发展理论的思考：兼谈实现经济可持续发展的中国思路 [J].财经理论研究,2020（1）：1-10.

[53] 李晟文.江苏省体育产业人力资源开发研究 [D].苏州：苏州大学,2011.

[54] 李荣日.体育产业人力资源培养模式：动态与趋势 [M].北京体育大学出版社,2009.

[55] 金媛媛,王宏威.体育与旅游产业融合发展的路径与协同治理机制研究 [C]// 中国体育科学学会（China Sport Science Society）.2015第十届全国体育科学大会论文摘要汇编（二）,2015：1611-1613.

[56] 杨明.中国体育用品制造产业集群发展模式研究 [M].杭州：浙江大学出版社,2016.

[57] 孙春兰.山东省文化旅游产业集群研究 [D].青岛：中国海洋大学,2013.

[58] 孙东杰.山东省体育产业集群发展策略研究 [D].徐州：中国矿业大学,2016.

[59] 牛艳云.基于 GEM 模型的旅游产业集群竞争力研究 [D].济南：山东大学,2007.

[60] 刘远祥.体育产业结构优化研究 [M].济南：山东大学出版社,2015.

[61] 孙久文. 区域经济学 [M]. 北京：首都经济贸易大学出版社，2020.

[62] 陈军亚. 西方区域经济一体化理论的起源及发展 [J]. 华中师范大学学报（人文社会科学版），2008，47（6）：57-63.

[63] 黄珂. 体育产业促进区域经济增长机理分析 [J]. 经济研究导刊，2017（22）：58-59.

[64] 张井水. 区域体育产业发展的影响因素与发展策略探索 [J]. 黄山学院学报，2022，24（3）：71-74.

[65] 郭娜，史曙生. 区域体育产业协调发展的研究 [J]. 当代体育科技，2016，6（10）：116+118.

[66] 廉涛. 长三角体育产业一体化的理论与实证研究 [D]. 上海：上海体育学院，2020.

[67] 王佳玉. 长三角地区体育产业结构优化路径研究 [D]. 蚌埠：安徽财经大学，2020.

[68] 王艳. 我国区域优势体育产业选择与培育发展研究 [M]. 北京：北京体育大学出版社，2014.

[69] 丛湖平，罗建英. 体育赛事产业区域核心竞争力形成机制研究 [M]. 杭州：浙江大学出版社，2011.

[70] 张燕. 粤港澳大湾区协同创新模式探究——基于增长极理论 [J]. 改革与开放，2022（5）：1-7.

[71] 惠棠，贺晓东，杨开忠. 经济结构的理论、应用与政策 [M]. 北京：中国社会科学出版社，1991.

[72] 邹师等. 中国区域体育发展战略选择 [M]. 北京：中国社会科学出版社，2015.

[73] 范凯斌. 生态系统理论视域下我国区域体育公共服务协调发展 [M]. 北京：中国原子能出版社，2016.

[74] 谢英. 区域体育资源研究理论与实践 [M]. 北京：科学出版社，2009.

[75] 何国民. 区域体育事业与经济协调发展评价研究 [M]. 北京：北京体育大学出版社，2012.

[76] 余守文. 匡时区域经济学研究专题基于体育的区域发展战略初探 [M]. 上海：上海财经大学出版社，2020.

[77] 陈丹. 竞技体育区域实力的时空分布及演变特征研究 [M]. 广

州：华南理工大学出版社,2017.

[78] 周建梅.区域经济发展与体育人才培养竞技体育后备人才培养的温州模式研究 [M].北京：北京体育大学出版社,2007.

[79] 王汝尧.区域休闲体育产业发展及其市场化运营 [M].长春：东北师范大学出版社,2019.

[80] 周珂.城市化与区域经济发展战略下中原经济区体育发展的路径选择 [M].北京：科学技术文献出版社,2017.

[81] 匡建欣.区域经济一体化下的现代体育产业经营与管理 [M].长春：吉林人民出版社,2012.

[82] 周建梅.区域经济发展与体育人才培养博丛 [M].北京：北京体育大学出版社,2010.

[83] 周良君,陈琦,向静,等.广东沿海区域体育产业发展研究 [J].体育文化导刊,2009（12）：69-72.

[84] 周绍杰,王有强,殷存毅.区域经济协调发展：功能界定与机制分析 [J].清华大学学报(哲学社会科学版),2010（2）：141-148.

[85] 周小洪,曹缔训,杨永德,等.体育产业结构政策初探 [J].武汉体育学院学报,1994（1）：14-18.

[86] 周毅,刘常林.基于生态位态势理论的我国区域体育产业发展特征研究 [J].体育科学,2013,33（11）：52-57+65.

[87] 周振华.论产业结构分析的基本理论框架 [J].中国经济问题,1990（1）：1-8.

[88] 张玉臣.长三角区域协同创新研究 [M].北京：化工工业出版社,2009.

[89] 余海鹏.区域共同发展的理论与实践 [M].北京：社会科学出版社,2009.

[90] 章成林.区域协调发展机制体系研究 [J].经济学家,2011（4）：63-70.

[91] 赵炳璞,蔡俊五,李力研,等.体育产业政策体系研究 [J].体育科学,1997（4）：1-7.

[92] 赵继明.我国体育产业结构优化的战略选择 [J].统计与决策,2010（4）：149-150.

[93] 张岩.体育产业概念的三种涵义及其运用范围 [J].体育文化导刊,2001（9）：23-24.

[94] 张佰瑞.我国区域协调发展度的评价研究 [J].工业技术经济,2007（9）: 90-93.

[95] 杨玉珍.区域 EEES 耦合系统演化机理与协同发展研究 [D].天津：天津大学,2011.

[96] 姚利松.基于协同创新视角下区域经济建设对体育用品制造业集群发展影响的研究 [D].济南：山东体育学院,2015.

[97] 尹小俭,杨剑.区域体育产业发展的外部环境比较研究 [J].成都体育学院学报,2009,35（11）: 6-9.

[98] 余丹.区域群众体育与经济协调发展评价研究 [D].武汉：武汉体育学院,2012.

[99] 徐开娟,黄海燕.长三角地区体育产业发展态势、经验与建议 [J].中国体育科技,2019,55（7）: 45-55.

[100] 高雪梅,郝小刚.长三角体育产业发展研究 [J].体育文化导刊,2014（10）: 130-133.

[101] 王越,吴相雷,陶玉流.长三角体育产业协同创新共同体建设的理论逻辑与实施路径 [J].体育科学,2023,43（7）: 83-91.

[102] 王家宏,王鑫.长三角"三省一市"边界地区体育产业高质量一体化协同发展研究 [J].苏州大学学报(哲学社会科学版),2022,43（2）: 37-45.

[103] 廉涛,黄海燕.长三角体育产业高质量一体化发展研究 [J].中国体育科技,2020,56（1）: 67-74.